LE ZODIAQUE
MYSTÉRIEUX
ou
LES ORACLES
D'ETTEILLA.

AVIS DE L'ÉDITEUR.

Depuis long-tems le livre intitulé : le Zodiaque mystérieux manquait au commerce, et sa rareté en avait élevé la valeur à un prix qui dépassait toutes les facultés. Il nous avoit cependant paru très hasardé d'en donner une nouvelle édition, d'autant plus que les demandes n'en étaient pas encore très multipliées; mais depuis quelque temps, sollicité à cette entreprise par plusieurs personnes recommandables sous plus d'un rapport, nous n'hésitons plus à l'entreprendre, persuadés que le public nous saura quelque gré de reproduire un des ouvrages les plus importans d'Etteilla, dont le nom se classe sur les premiers rangs des géomètres de son tems.

Notre édition est parfaitement conforme au texte publié en 1772; nous n'y avons fait aucun changement par respect pour le public qui paroît y attacher quelque prix; nous avons seulement, autant qu'il a été en nous, fait disparoître quelques fautes grossières et quelques incorrections qui s'étoient glissées dans la première édition.

En remettant ce livre au prix originaire, nous avons pensé le rendre à la portée de tous les consommateurs, puissions-nous prouver en cela combien nous attachons de prix à mériter leurs suffrages !

LE ZODIAQUE

MYSTÉRIEUX

OU

LES ORACLES

D'ETTEILLA.

Spiritus enim vitæ erat in rotis.
Ezech.

A AMSTERDAM,

Et se trouve

A PARIS,

Chez GUEFFIER jeune, rue Bourtibourg, n°. 12.

M D CCC XX.

AVERTISSEMENT.

Avant de consulter aucun de mes oracles, il faut absolument aller à la fin de ce livre, pour y voir l'explication des lettres et des chiffres, ainsi que la règle nécessaire à l'intelligence de tous ceux qu'on sera curieux d'interroger, tant pour soi que pour les autres; soit pour un jour seulement, ou pour tout le cours de la vie; car ce Zodiaque ne pronostiqueroit rien, si on le lisoit au hasard, et sans cette opération préliminaire qui assure la vérité de mes prédictions.

CATALOGUE des Livres d'Etteilla et autres auteurs cabalistiques qui se trouvent chez GUEFFIER jeune, Libraire, rue Bourtibourg, n. 12, à Paris.

Les articles marqués d'une * sont en nombre.

Collection sur les hautes sciences, ou *traité théorique et pratique de la sage magie des anciens peuples*, absolument complet en 12 livres; lesquels contiennent tout ce que Etteilla a écrit sur la philosophie hermétique, l'art de tirer les cartes, ses combinaisons sur les 90 numéros de la loterie, et notamment le sublime livre de *Thot*, 4 vol. in-12 avec beaucoup de figures, entr'autres 9 principales estampes, toutes gravées en taille-douce.

Les amateurs des hautes sciences accueillirent avec empressement les divers traités de cet auteur, fur à mesure qu'il les mettait en vente; aussi l'édition en fut épuisée en peu de temps, à l'exception d'un très petit nombre d'exemplaire, dont l'existence était ignorée dans le commerce; ce qui en les faisant rechercher en avait haussé le prix.

Venant d'acquérir ce qui restait des divers ouvrages de feu Etteilla, je crois utile, pour mettre les amateurs des hautes sciences à même de reconnaître les éditions originales, d'observer que les exemplaires que nous annonçons proviennent de l'édition donnée dans le temps par l'auteur lui-même; que ces quatre volumes contiennent 1500 pages d'impression, et sont enrichis de 24 planches, gravées toutes en taille-douce, qu'elles ont été exécutées avec soin et exactitude.

Les 4 volumes contiennent 12 livres; savoir :
Pour le premier vol... 2 livres et 3 grav.
    deuxième..... 4   2
    troisième..... 4   8
    quatrième.... 2   11

Prix des 4 vol. brochés, 36 fr. Relié en 2 forts vol. 38 fr.

* *Livre de Thot*, ou collection précieuse des tableaux de la doctrine de Tri-Mercure-Athotis, dans lequel se trouve le chemin de la vie humaine, en 78 feuillets tracés en hiérogliphes, gravés en taille-douce, 6 fr. coloriés avec soin, et avec l'étui 6 fr. 50.

* *Dictionnaire synonymique du livre de Thot*, ou synonymes des significations primitives tracées sur les 78 feuillets du livre de Thot, précédé d'un discours préliminaire, in-8°. 104 pages, 1 franc 80 cent., et 2 fr. 10 c. franco.

* *Les 48 combinaisons*, sous le titre de *Code pratique*, indiqué à la page 13 du Dictionnaire, 2 fr.

* *Cours théorique et pratique du livre de Thot*, pour entendre avec justesse l'art, la science et la sagesse de rendre les oracles, contenant quatre leçons, 108 pages in-8°. 2 fr. et 2 fr. 50 cent. franc.

* *Etteilla, ou l'art de lire dans les cartes*, ouvrage auquel on a joint l'interprétation des songes, en se servant des mêmes cartes; et enfin la savante combinaison d'Hisler, laquelle détermine par un principe numérique et philo-

sophique les nombres de chances des loteries établies sur le nombre 90 ; avec le jeu de 33 cartes, sur lesquelles se trouvent inscrites les diverses significations de chacune d'elles, suivant la place qu'elles occupent, 3 fr.
* *Horloge planétaire*, pour les opérations pratiques du magnétisme, en égard à chaque tempérament, et pour connaître généralement les heures propres, suivant les différentes entreprises utiles et agréables à la vie morale, politique et civile, par Etteilla, 1 fr.
* *L'Indicateur du chemin de la fortune*, combinaison cabalistique, par Etteilla, 1 fr.
* *Le Type universel du nombre et de création*, suivant le livre de Thot, pour servir à la théorie et pratique du grand œuvre... 1 fr.

Chimie, Alchimie, Cabale et Astrologie.

* *L'Oracle parfait*, ou nouvelle manière de tirer les cartes, au moyen de laquelle chacun peut tirer son horoscope ; par Albert d'Alby, de la société de médecine de Londres, 1 vol. petit in-9°. avec 3 planches, gravées en taille-douce et 60 petites gravures représentant différentes dispositions des cartes et leur signification entr'elles, suivant comme elles se présentent, 1 franc 80 cent.., et 2 fr. 10 cent. franc.
* *Le petit Oracle des Dames*, ou récréation des curieux (abrégé du grand livre Thot), contenant 72 figures en 42 cartes, avec la manière de tirer les cartes tant avec ce jeu qu'avec les cartes ordinaires, renfermé avec le livre d'explication dans un étui, 3 francs.
* *Manuel à l'usage des Actionnaires des Loteries royales* de France et autres, suivi de la liste générale des rêves, avec beaucoup de gravures. 1 vol. 2 francs 50 cent. et 3 fr. franco.

Etteilla, ou manière de se récréer avec un jeu de cartes, 1 vol. in-8, 12 gravures, 1770.

Etteilla, ou instruction sur l'art de tirer les cartes avec les deux grands tableaux.

L'homme à projets, imprimé pour la première fois en 1783. Deuxième édition, 1791. Par Etteilla, in-8.

L'art de connaître les hommes par l'inspection du front, ou élémens de métoposcopie, suivant les anciens. L'art de lire dans les lignes et caractères qui sont dans les mains, ou élémens de Chiromancie, 1 vol. in-12, fig.

La Chiromancie, la Physionomie et la Géomancie, avec la signification des nombres, et l'usage de la roue de Pythagore ; par de Peruchio, 1 vol. in-4. Paris, 1663.

Curiosités inouies sur la sculpture talismantique des Persans, horoscopes des patriarches, et lecture des étoiles, par Gaffarel, 1 vol. in-8. 1629.

La Chiromancie et physionomie par le regard des membres de l'homme ; par J. Indagine, traduite en français par Ant. du Moulin, 1 vol. in-8. 1662.

Chiromantia autore Indagine, cum figuris, 1 vol. in-8. 1543.

LIS.

Lecteur, *Etteilla*, flatté d'avoir ci-devant amusé tes yeux, en t'offrant, à l'aide des cartes *, l'explication pittoresque des événemens de la vie, entreprend à présent d'instruire ton esprit en te révélant les secrets du sort.

Si les combinaisons de mon premier ouvrage ont paru trop abstraites à quelques uns, la manière de celui-ci paroîtra facile à tous, puisqu'il suffit d'une seule opération pour y voir d'un coup-d'œil ce qui doit arriver, et dans le jour qu'on le consultera, et dans tous ceux qui le suivront; jusqu'au terme du voyage de ce monde.

J'ose t'assurer, cher lecteur, que cet amusement scientifique est fait de manière que tu croiras entendre un génie familier t'expliquer agréablement les oracles obscurs du

---

* *Etteilla, ou manière de se récréer avec un jeu de cartes ; imprimé à Amsterdam en 1770, qui se trouve à Paris chez Gueffier jeune, rue Bourtibourg, n. 12, où l'on trouve tous les ouvrages d'Etteilla.*

livre des destins ; curiosité que tu pourras satisfaire, non seulement pour ce qui te regardera, mais encore pour ce qui intéressera tes intimes amis et tes *immortels* ennemis. Fait de cette sorte, l'auteur se flatte que son livre sera consulté dans tous les cercles, et sera même propre à distraire les ennuis de la solitude.

Quoique mon ouvrage soit un résultat de mes connoissances occultes, je n'aurai pas la vaine ostentation de te faire l'énumération fastidieuse des auteurs anciens et modernes, grecs ou latins, que je connois pour avoir traité des sciences diaboliques, magiques, astrologiques et divinatoires ; et je craindrois que les noms de *Zoroastre*, de *Viere*, de *Jamblique*, de *Psellus*, de *Cretides*, de *Scot*, et de tant d'autres, n'effrayassent les oreilles délicates de mes compatriotes.

Je n'entreprendrai pas non plus de te décrire les innombrables sortes de divinations des anciens, pour établir ta créance en la mienne, bien que je sache le crédit qu'eurent celles du vol des oiseaux, de la palpitation des entrailles, des ondulations de la fumée, des fantômes des sépulcres, des voix des antres, des réponses des Sibylles et des Mages, et qu'elles aient, pour ainsi dire, acquis un titre d'immortalité par ces paroles du sage *Socrate* :

Si quis majus quàm sapientia humana velit consequi, divinationi det operam necesse est.

Quelle que soit mon antipathie pour cet étalage orgueilleux, cependant mon tendre et respectueux attachement pour notre souverain me porte à te faire nécessairement part d'une agréable prophétie muette qui intéresse toute la nation française, et que la science des nombres * (appelée par les savans cabalistes l'Arithmantie) mit Pythagoras en état de faire, long-temps avant l'établissement de notre monarchie

---

* *Cette science consiste à mettre la valeur ci-dessous à chaque lettre de l'alphabet.*

a	b	c	d	e	f	g	h	i	k	l	m	n	o
4.	6.	26.	18.	12.	4.	21.	28.	11.	10.	12.	19.	11.	9.

p	q	r	s	t	v	x	y	z
12.	8.	12.	4.	6.	9.	13.	2.	3.

Du temps de Pythagoras, les lettres u, j, &, *n'étoient pas en usage. Etteilla tient ces trois mêmes lettres pour zéro, telles qu'elles doivent être.*

(6)

L o u i s   q u i n z e,
12. 9. 0. 11. 4.   8. 0. 11. 11. 5. 12.

R o y   d e   F r a n c e
12. 9. 2. 18. 12.   4. 12. 4. 11. 26. 12.

e t   d e   N a v a r r e.
12. 6. 18. 12. 11. 4. 9. 4. 12. 12. 12.

———————————
Total. . . . . . 315.
———————————

b i e n s u r i l s e r a
6. 11. 12. 11. 4. 0. 12. 11. 12. 4. 12. 12. 4.

u n j o u r s u r n o m m é
0. 11. 0. 9. 0. 12. 4. 0. 12. 11. 9. 19. 19. 12.

B I E N - A I M É.
6. 11. 12. 11.   4. 11. 19. 12.

———————————
Total pareil. . . . . . 315.
———————————

En voici une bien différente, vue par une autre science des nombres chaldéens, rapportée par un savant antagoniste des connoissances occultes.

« On accusoit, dit-il, Damagoras d'être
« plus méchant que la peste; et de fait, le
« nom λοιμὸς qui signifie *peste*, et celui de ce
« mauvais Damagoras étant calculés, reve-
« noient à un même nombre, comme il est
« aisé à voir ».

Δαμαγορας		Λοιμος	Pestis,
δ .. 4.		λ .. 30.	
α .. 1.		ο .. 70.	
μ .. 40.		ι .. 10.	
α .. 1.		μ .. 40.	
γ .. 3.		ο .. 70.	
ο .. 70.		ς . 200.	
ρ . 100.			
α .. 1.			
ς . 200.			

qui font 420. qui font 420.

Je reviens à l'objet de ma préface, pour rendre compte au lecteur des raisons qui m'ont porté à nommer cet ouvrage *Zodiaque*. Si j'ai préféré ce titre, ce n'est pas que je ne sache bien que *Palingene*, fameux poëte italien du quinzième siècle, a fait un poëme moral, sous le titre de *Zodiaque de la vie humaine*; mais ce savant n'a eu d'autre intention que de donner des préceptes de sagesse aux hommes, et Etteilla n'a d'autre but que de leur dévoiler l'avenir. Palingene, usant de la licence poétique, n'a pensé qu'à donner à son poëme un titre fantastique, qui n'a d'autre rapport avec la ceinture du ciel, composée de douze maisons, qu'en ce qu'il est divisé en douze livres; et Etteilla traitant de la science divinatoire, s'est cru obligé de donner à ses oracles un titre relatif à la sage cabale : d'ailleurs l'étude qu'il a faite de cette haute science l'a mis à portée de découvrir, dans la succession et le retour périodique des événemens de la vie, une espèce de *rotation* perpétuelle qui l'a amené de nécessité à son titre de *Zodiaque mystérieux*; ressemblant en cela, si j'ose le dire, à ces anciens philosophes qui appeloient *chaîne d'Homère, ou anneau de Platon, la cohérence et conjonction de toutes créatures, par laquelle*, dit à peu près un ancien, *comme par une cordelle venant du ciel, et accrochant les choses inférieures d'ici-bas, elles se lioient et joignoient ensemble.*

Je dois encore faire observer ici à ceux qui l'ignorent, que le premier de l'an de chacun est celui dans lequel il est né, et que le jour de l'an universel est le premier de janvier, venant du mois *Januarius*, dont la signification semble indiquer la porte de l'année. Mais mes oracles étant fondés sur les sciences mystérieuses, j'ai dû commencer par mars, suivant en cela les Romains qui avoient consacré ce mois au dieu des combats; mais ce qu'ils faisoient par un esprit *guerroyant*, je le fais, je le répète, par une combinaison scientifique appliquée au passage de la vie humaine.

Quelque foible que paroisse le mérite de cet ouvrage aux yeux de certaines gens, et quelque modique qu'il soit en effet, j'aurois été presque certain d'en imposer à la critique, si je l'eusse décoré du nom de la dame illustre qui m'avoit permis de le lui dédier; mais je me prive de cet honneur par respect pour un si grand personnage, prévoyant par mon savoir, que la faveur qu'elle daigne m'accorder tacitement pourroit compromettre la solidité de son jugement dans le général;

mais si le respect m'empêche de lui en faire la dédicace publique, la vénération m'engage à lui en faire l'offrande secrète. Plein d'enthousiasme au souvenir de cette grande protectrice, je m'arrête tout court, pour méditer en silence sur les hautes qualités qui lui attirent l'estime générale et mon admiration particulière.

APPARITION.

A l'ombre de l'un des palais de nos rois [*], je me préparois à goûter les douceurs du repos, après une longue et pénible carrière scientifique, lorsqu'un nuage léger m'environna tout-à-coup, et répandit sur moi une douce fraîcheur, semblable au souffle du zéphyr; je crus même sentir une main bienfaisante qui passoit légèrement un linceul sur mon front encore couvert de sueur et de poussière.

Initié dans les plus hauts mystères des Chaldéens, Egyptiens, Arabes, Assyriens et autres; descendant en outre directement des Mages consommés dans les hautes et sublimes sciences, je ne doutai point que ce ne fut un génie qui m'annonçât son caractère *benin* par ses soins obligeans.

Je me relevai aussitôt de ma place, et le suppliai d'y venir se reposer; mais au lieu de me répondre il ne s'occupa qu'à suivre avec accord, sous son enveloppe vaporeuse, les différens mouvemens que je faisois, et à

---

[*] Allusion à la demeure de l'auteur, rue de Beauvais, place du Louvre.

me préserver d'un tourbillon de poussière que faisoit voler sur moi un démon jaloux du plaisir que cette apparition faisoit couler dans mon âme*.

Tout autre que moi eût attribué à des causes naturelles, et le tourbillon de poussière et le nuage lumineux qui m'entouroient; car les simples physiciens rapportent les ouragans qui dépouillent les vergers de Pomone, ainsi que les nuages azurés qui brillent dans les champs de Cérès, ou aux différentes variations des vents, ou à l'évaporation des humidités de la terre; mais les savans cabalistes voient dans les uns des combats de démons maléficieux, et dans les autres des apparitions de génies bienfaisans.

Sensible aux bontés de mon génie, je voulus savoir de lui à qui j'avois tant d'obligations. Il me répondit qu'il étoit tout-à-la-fois un être visible et invisible, une substance terrestre et spirituelle; ce qui m'engagea, suivant le *rit* cabalistique, à mettre un genou en terre, et à ramasser un caillou qui me servit à faire un grand

---

* Toute cette apparition est historique, métaphorique, symbolique et allégorique aux mystères de la science cabalistique.

cercle dans lequel je traçai plusieurs caractères mystérieux de la plus haute magie; après quoi je conjurai premièrement l'esprit de m'apparoître en belle forme et nature humaine; secondement, de me dire son nom, sa nature, ses pouvoirs et ce qu'il prétendoit de moi.

Aussitôt une voix mâle perça le nuage et me dit : Ecoute : je ne suis point un méchant esprit, mais un bon, et il ne m'est pas permis de t'apparoître autre que ce que tu crois me voir.

Mon nom est composé de huit lettres; mais en la première et la dernière de ton alphabet, si tu les sais lier, tu le trouveras parfait.

Garde-toi de me croire le mystérieux et divin *Alpha et Omega;* car, pour te parler figurément, tel que je suis, si son essence pouvoit devenir corporelle, je serois trop heureux de servir de marche-pied au trône resplendissant de cet être des êtres; mais j'ai des pouvoirs au-dessus de ta croyance. Malgré son invisibilité, je vois cet *U N* environné de la plus brillante lumière. Il est vrai que je ne le puis voir sans son expresse permission. Il a plus fait pour moi; il m'a permis d'élever une partie de ma nature terrestre sur le sommet de son chef-d'œuvre. A ces mots, je crus sentir un bras s'appuyer sur ma tête; j'en frémis, et nous gardâmes l'un et l'autre un profond silence. Je l'interrompis cependant le premier pour lui demander si ses pouvoirs s'étendoient jusque sur les humains? Oui, me dit-il. En moi est renfermé le commencement et la fin de certaine chaîne qui lie les hommes, et particulièrement chez tes compatriotes, sur qui j'ai le plus de puissance; s'ils m'oublioient jamais, ils deviendroient ignorans, grossiers et stupides; ils vivroient sans police, sans lois, sans mœurs. Mon pouvoir s'étend même jusque sur toutes les sociétés en général: je soutiens les religions, j'affermis les empires et j'allie les puissances.

La force et l'énergie avec lesquelles il prononça ces derniers mots, me firent présumer que c'étoit un de ces génies célestes dont la sagesse veille à notre conduite, et peut-être, par succession de temps, celui-là même qui avoit jadis présidé sur les actions du fameux Socrate. Plein de cette idée, je me disposois à me prosterner devant ce nuage; mais j'en fus empêché par ces paroles imposantes:

Garde-toi de mêler le sacré avec le profane. Apprends que je suis un esprit de la soixante-et-douzième classe, et non celui par exellence à qui tu dois de purs et divins sacrifices.

Mais, ô Esprit ! proférai-je respectueusement, qui que tu sois, dis-moi, je t'en supplie, comment dois-je te nommer ?

Quoique je sois un Génie, répliqua-t-il, tu dois me nommer homme.

Homme et Génie !.......

Oui, un Génie d'homme.

Mais...... encore un coup, quelle est donc ta nature ?

Je te l'ai dit ; ma nature est tout à la fois céleste et matérielle.

Tu m'as instruit de l'étendue de ton pouvoir, mais non de ses différentes espèces.

J'ai le pouvoir du bien et du mal.

Lequel fais-tu des deux ?

Le bien ; ce qui me fait surnommer le Bienfaisant.

Que veux-tu ?

T'interroger.

J'y consens.

Qui t'a donné le pouvoir de sonder les décrets du destins ?

Mon art.

Mais cet art, d'où le tiens-tu ?

De mon travail.

Et sur quoi est-il fondé ?

Sur la cause des événemens.

Mais qui te répond de cette cause ?

Les effets.

Et comment tes oracles, te dira-t-on,

peuvent-ils convenir à tous les âges et à tous les états des mortels ?

Par une roue mystérieuse, dont je suis les évolutions ; par une chaîne naturelle, dont les anneaux me sont connus, et qui me suffisent pour......

C'est assez, je te conçois ; que d'autres te devinent.

Qui me suffisent, dis-je, pour savoir que sans toi je ne pourrois rien ; que tu es....

A ces mots, le nuage s'évapora devant moi, et tout disparut à mes yeux.

Mon respect pour les secrets des hautes sciences ne me permet pas de dévoiler les mystères de cette vision scientifique, ni de révéler les facultés, les attributs et les connoissances de ce mien Génie.

LE ZODIAQUE

MYSTÉRIEUX.

MARS UNIVERSEL.

Lecteur, soit que la règle de mon Zodiaque t'amène à débuter par ce premier jour, ou qu'ayant commencé par un autre, tu sois de même arrivé à cet article premier, ressouviens-toi qu'Etteilla t'a assuré qu'un an ne se passeroit pas sans que tes pensées varient à son égard; mais tes louanges ou tes mépris ne peuvent rien sur l'esprit d'un Oracle connu pour parler sans interroger.

Si tu me vois en centurie, ne lis jamais un non pour un oui, et quand de la métaphore

. . . . Mon esprit emprunte l'emblême,
Crois entendre la voix de la vérité même.

A. 1. Aujourd'hui je n'ai pas grand bien à t'offrir, des nouvelles : toutes ne seront pas véritables ; en ton attente est un retard : un..... te donnera à parler ; en donnant et recevant, personne ne touchera ; une rencontre ne conduit à rien ; proche de toi l'on parle d'un lien.

Voilà ton avenir.

Si aujourd'hui il est dans les calendriers ordinaires le premier de Mars,

En avenir, *tu te ressouviendras que je t'ai annoncé qu'entre beaucoup d'eau tu auras grande tristesse ; qu'une rencontre la dissipera.*

En passé, *tu pris le change dans une assemblée ; mais autre, que tu connois beaucoup, ne le prit pas.*

B. 2. Aujourd'hui est un différend qui ne t'avance pas ; naissance d'un projet ; intelligence secrète qui te regarde ; équilibre est dans ton esprit ; pour et contre est en ta pensée.

Voilà ton avenir.

S'il est aujourd'hui *Mercredi,*

En avenir, *tu pleureras la perte d'une femme ;* ainsi donc tout du long de ce Zoliaque, tu te ressouviendras que les colonnes de l'avenir et du passé ne te répondront juste qu'autant que l'annonce *S'il....* sera telle que je l'indique; c'est-à-dire qu'il faut qu'il soit aujourd'hui Mercredi, pour qu'il advienne que tu pleures la perte d'une femme dans l'avenir; fais une grande attention à ceci pour ne pas me taxer d'ignorance.

En passé, *te fut joie qui ne te le seroit pas à présent.*

C. 3. Aujourd'hui, relativement à toi, changement; réfléchis, belle lumière, si tu en profite; défies-toi d'un tiers.

S'il est aujourd'hui *un arc-en-ciel,*

En avenir, *tu rendras devoir à celui que tu fuis.*

En passé, *te fut trop.... n'est pas dit en quoi; c'est peut-être de souci.*

D. 4. Aujourd'hui nouvelle relative à campagne, tintamare, brouilles, disputes, raccommodemens politiques, desquels tu entendras parler.

S'il est aujourd'hui *premier Août,*

En avenir, *tu feras grande brèche à la roue de fortune.*

En passé, *tu fus souvent dupe de ta foiblesse. J'aurois pu dire, bonté.*

E. 5. Aujourd'hui pour toi le préjugé n'est pas la raison des sots; homme t'est utile, femme t'est nuisible; petite nouvelle tirera à conséquence.

S'il est aujourd'hui *le neuvième d'une lune,*

En avenir, *ta liberté sera captivée.*

En passé, *ton ame fut surprise.*

F. 6. Aujourd'hui homme soit le maître, femme soit douce, enfant soit studieux, domestique soit fidèle : qui en ce jour y prévariquera, avant la fin de l'an s'en ressouviendra.

S'il est aujourd'hui *mortalité en ta maison,*

En avenir, *tu perdras papiers.*

Le passé *reviendra, en quelque chose qui a dû frapper tes esprits.*

G. 7. Aujourd'hui te seront différentes remarques, une entre autres sur toi-même; tu ne pourras surmonter le penchant qui t'entraîne ; nouvelle te sera donnée sur ta pensée, pas comme il te plairoit ; ne prends pas le change ; payeur mal avisé, il t'est dû ce que tu ignores.

S'il est aujourd'hui *éclipse visible à tes yeux, ne commets nulle faute.*

En avenir, *remarque que de celui qui en aura commis, les os seront déterrés, et peut-être ne sera-t-il point mort.*

En passé, *tu avois prédit ce qui t'est arrivé.*

H. 8. Aujourd'hui va où la raison t'appelle ; un fantôme disparoîtra ; une autre chimère sur un événement qui n'aura pas de suite.

Si aujourd'hui *est établi lien indissoluble*,
En avenir, *tu verras trois grands enfans.*
En passé, *en âge mûr, jeunesse fut aperçue.*

J. 9. Aujourd'hui si tu dis que tu donnes ou offre par grâce, recevant néanmoins prix de la chose, il se passera peu de jours sans que tu sois obligé de donner pour rien, dont bien tu endéveras ; cuivre payé au poids de l'or.

S'il est aujourd'hui *grande Fête*,
En avenir, *te sera prudence à temps.*
En passé, *tu manquas en l'esprit.*

K. 10. Aujourd'hui sujet de combat ; mais bas-toi vaillamment : au fort de la tempête te sera victoire ; si tu fais grâce par noble pensée, tu seras joyeux ; mais maintiens le dessus.

S'il est aujourd'hui *prison qui te retienne*,
En avenir, *tu te recommanderas à* Hocma.
En passé, *tu fus agité d'une fausse dévotion.*

L. 11. Aujourd'hui le temps approche, mais n'est pas venu ; maintiens ton courage, évite une rechute.

Si aujourd'hui *il te naît enfant*,

En avenir, *te sera sujet d'en parler*, instruis-le au bien.

En passé, *tu oublias un bon conseil.*

M. 12. Aujourd'hui la paix soit en toi; tout ce qui t'est à mal va s'évanouir, et en ces jours-ci te sera sujet d'être prudent.

Si aujourd'hui *tu as crainte au soir*,

En avenir, *de grand matin tu auras sujet d'être sur tes gardes.*

En passé, *tu manquas bon voyage, et peut-être sans sortir de la ville.*

N. 13. Aujourd'hui est sujet de tristesse, ne dis pas ton secret. Il pourra t'être parlé de papier.

S'il est aujourd'hui *changement en ton esprit*,

En avenir, *ta vie sera variée.*

En passé, *te fut triste joie; mais console-toi, elle ne reviendra plus.*

O. 14. Aujourd'hui ce n'est pas assez de travailler pour remplir ton ostentation; ceux qui t'alimentent t'en demandent compte; idée d'un testament; savant devine.

Si aujourd'hui *tu reçois lettre surprenante*,

En avenir, *tu feras une chûte.*

En passé, *tu ne reconnus pas la perte d'une mort.*

P. 15. Aujourd'hui projet est bon en paier, travaille en ce jour, effet n'est qu'égaré, loup vient en ta maison.

Si aujourd'hui *est en toi jalousie,*
En avenir, *tu vivras soucieux.*
En passé, *tu obligeas, mais tu fus payé de noire ingratitude.*

Q. 16. Aujourd'hui tu réfléchiras qu'il est plus facile de semer quelques vertus, que de déraciner les vices : tu reprocheras des foiblesses à un ami qui t'aime ; tu prendras le change ; tu feras une fausse confidence pour éprouver celui qui t'engage à lui dire son secret, et tu n'auras pas tort.

S'il est aujourd'hui *sept de Juin,*
En avenir, *tu souffriras grand orage.*
En passé, *une petite pluie arrêta un grand vent.*

R. 17. Aujourd'hui, si tu es en public, tu seras montré au doigt : si tu es en solitude, tu gagneras en l'esprit : un homme que tu ne connois pas pourroit bien t'être utile sans le connoître, cet homme est en ta pensée.

Si aujourd'hui *tu achetes achat neuf d'occasion,*
En avenir, *te sera prudence.*
En passé, *se tourna mieux une de tes affaires tristes que tu ne l'avois pensé.*

S. 18. Aujourd'hui ne joue nullement,

Contraste insuffisant
NF Z 43-120-14

repasse en ton esprit ce qui doit vraiment t'occuper, tu seras éclairci ; tu peux aussi aller en société ; mais sois froid à l'abord, et tu reviendras joyeux.

Si aujourd'hui *il est amour,*

En avenir, *te sera une perte, non d'amour.*

En passé, *tu aurois pu être heureux ; je ne dis pas en grandes richesses.*

T. 19. Aujourd'hui tous liens sont bons et de durée ; mais si en ce même jour tu travailles à la ruine de ton semblable, ce sera la tienne ; d'un incident, tu retomberas en un autre, et voulant y parer, tu te livreras entre les mains de celui qui te punira de ton *méfait,* quand bien même il ne le voudroit pas : si autre en ce jour te ravit ce qui t'appartient légitimement et t'est cher, il en sera puni, et tu en seras certain.

Si aujourd'hui *est à toi bien sur l'eau ou bâtiment en mer,*

En avenir, *tu vivras en bonne espérance.*

En passé, *tu souffris grande disette, suivant ton état.*

U. 20. Aujourd'hui un vil mortel mercenaire surprendra tes pensées, ou ton œuvre finie ; mais en te causant préjudice, il ne s'enrichira pas.

Si aujourd'hui *tu as bataillé de seul à seul,*

En avenir, *tu auras un tuteur.*

En passé, *tu as perdu le chemin de ton augmentation.*

V. 21. Aujourd'hui est pour toi souci par ta faute ; punition d'un coupable ; jalousie éclatera ; te sera un entretien sur maladie.

Si aujourd'hui *tu es curieux relativement à une grossesse,*

En avenir, *y ayant bien songé, tu seras satisfait.*

En passé, *grand désir en amour fut effectué ; mais amour dura peu.*

X. 22. Aujourd'hui repasse en tes esprits à qui tu dois service : car avant peu il te doit être utile ; ainsi donc le lui ayant offert et rendu de bonne grâce, s'il l'exige, il te préviendra en celui que tu demanderas de lui. Crois-moi.

Si aujourd'hui *il est jeux et grand gain pour toi,*

En avenir, *un corbeau t'occasionnera événement.*

En passé, *tu ne fus pas satisfait de tous les Gens de Robe.*

Y. 23. Aujourd'hui ne fais nul présent à plus riche que toi ; mais plains-toi, crie misère, surtout n'oublie pas la cause.

S'il est aujourd'hui *trahison,*

En avenir, *le traître demandera pardon.*

En passé, *faute d'un point la réussite étoit certaine.*

Z. 24. Aujourd'hui ton cœur à l'amour soumettra ta raison; la couleur brune te répondra non, ou elle fera la morte, mais avec trahison : la blonde pie-grièche ou d'un œil pâmé, te fera repentir de ta passion; je dis, si tu les presses, et la femme sera victorieuse sur homme, mais pas sur son semblable.

Si aujourd'hui *tu vois croissant bien fait*,
En avenir, *tu seras stupéfait.*
En passé, *tu ne sus profiter de ta victoire.*

+. 25. Aujourd'hui trop bon pour être méchant, trop méchant pour être bon, relativement à qui? aujourd'hui sera devin.

Si aujourd'hui *il t'est juste sujet de joie*,
En avenir, *tu vivras heureux.*
En passé, *tu fus piqué contre un Moraliste.*

A. 26. Aujourd'hui tu seras instruit qu'il est des tyrannies cachées sous le voile de la concorde; un vil pédant osera te condamner sans t'entendre.

Si aujourd'hui *il t'est morsure d'animal domestique inutile*,
En avenir, *mauvaise mort.*
En passé, *tu fus indigné contre le manque au droit des gens.*

B. 27. Aujourd'hui sera un événement ; rencontre après l'aurore ; un trompeur sera trompé. Si tu t'es couché de bonne heure, leve-toi matin.

Si aujourd'hui *il est à ta connoissance fausse signature,*

En avenir, *qui l'aura faite sera privé de l'un de ses cinq sens.*

En passé, *tu te dis : Qui est marqué à ce coin ne vaut jamais rien.*

C. 28. Aujourd'hui prépare un dîner sans grands frais ; admets-y un vrai ami, un inconnu peu fortuné, mais pensant : secret t'en adviendra qui te sera utile.

Si en la nuit de ce jour *tu songes voir animal carnassier, âpre ou méchant,*

En avenir, *planche te sera nuisible.*

En passé, *tu fis promesse et ne tins pas.*

D. 29. Aujourd'hui, projet, réflexion ; tout le monde n'est pas sage ; travail de cabinet, s'entend d'esprit, relativement à ce qui t'occupe le plus.

Si aujourd'hui *tu te prends de boisson jusques à être ivre,*

En avenir, *tes semaines seront comptées par tes années ; défie-toi de cette annonce.*

En passé, *tu avois un grand projet qui rouloit sur la politique, mais tu échouas au port.*

E. 30. Aujourd'hui tu chercheras argent ; s'il est de ton labeur, te sera joie ; si tu veux l'emprunter, qu'il t'advienne, tu ne le rendras jamais, telle bonne volonté que tu en aies; mais ce jour est tel que ce que tu hazarderas pour l'agrandissement de ton état ou de ton commerce, t'apportera profit : si tu es poursuivi d'un créancinr, écris-lui : si tu peux toi-même l'aller voir, il entendra raison.

Si aujourd'hui *tu chouois en l'eau,*

En avenir, *tu verras maison écrouler.*

En passé, *fut rumeur entre tes parens, qui tous n'avoient pas plus raison les uns que les autres.*

F. 31. Aujourd'hui bavardises de proche, maladie sans suite; parle peu, donne à soupçonner; nulle confiance indiscrette en ton domestique ou inférieur.

Si aujourd'hui *il t'est bouquet donné,*

En avenir, *tu jugeras sainement du don.*

En passé, *ton secret fut éventé par un autre, et par ta faute.*

AVRIL UNIVERSEL.

L'INSTANT dont nous jouissons disparoît; le vol rapide du temps le ravit à nos yeux. Tout tombe sous sa faulx destructive; nous ne pouvons couper ses ailes, nous ne pouvons suspendre son bras. Mortel, l'Eternel a limité ta puissance. Jouis donc sans crime, pour perdre sans remords.

AVRIL.

G. 32. Aujourd'hui tu penseras à quelqu'un, un autre te semblera judicieusement n'avoir jamais réussi sans se servir de subterfuges, c'est-à-dire, sans fausser la vérité.

Si aujourd'hui *tu es embrassé par autre qu'époux ou épouse, enfans, parens, amis, très-vrais,*

En avenir, *tu seras isolé.*

En passé, *tu aurois accompli tes désirs, si tu eusses été mieux instruit.*

H. 33. Aujourd'hui heureux et malheureux, tu pourras jouir à un prix cher; et en ce même jour seront pour toi différentes réflexions, dont une intéressante n'est pas éloignée; regarde qui existe.

Si aujourd'hui *tu as grande curiosité d'entendre*,

En avenir, *sera douleur, en laquelle tu te plairas.*

En passé, *tu entendis, mais ne compris pas.*

J. 34. Aujourd'hui sera appris nouvelle de fidélité jusqu'à la minutie, ou le contraire jusqu'à l'excès; l'amant et la maîtresse se jureront un amour éternel; mais tel serment fait en ce jour ne tiendra pas longtemps.

Si aujourd'hui *tu casses tableau ou miroir*,

En avenir, *tu perdras procès.*

En passé, *te fut mal de ce qui en bien regardant n'étoit rien.*

K. 35. Aujourd'hui tu recevras conseil d'homme utile, femme te gênera, fille te fera réfléchir, enfant te surprendra, veuve ou veuf t'intéressera.

Si aujourd'hui *tu as pour compagnie méchante femme, ou toi, méchant homme, ne manque pas de remonter à la cause du mal; considère que le plus méchant n'est pas toujours celui qui commence; mais de ce jour, si tu vois amendement*,

En avenir, *sera la paix de bon cœur.*

En passé, *tu fis une folie qui t'en a évité une autre.*

L. 36. Aujourd'hui le ciel sur ta tête, les abymes sous tes pas, et quelqu'un pourra être couché avec les rats; différentes vues et ouies te seront un sujet de réflexion.

Si aujourd'hui *tu éternues de grand matin,*
En avenir, *te sera bonne nouvelle.*
En passé, *tu fis un beau songe qui auroit pu s'effectuer.*

M. 37. Aujourd'hui fais juger tous procès et différends, demande éclaircissement; en ces choses te sera gain ou accommodement.

Si aujourd'hui *tu es couché en maison nouvelle,*
En avenir, *tu auras bâtiment à toi.*
En passé, *un de tes parens mérita d'être anobli.*

N. 38. Aujourd'hui honneur, non bonheur, profit sans en jouir, Militaire en titre remonte; autre Militaire perd le temps.

Si aujourd'hui *tu es en dispute avec Ecclésiastique,*
En avenir, *il t'en vaudra mal.*
En passé, *tu ne fus pas assez politique; un nombre t'effraya.*

O. 39. Aujourd'hui un Petit-Maître insolent, je dis homme de rien, si on lui ôte l'habit, te portera scandale; tu dois le mépriser; et en ce jour même ne tiens pas la conversation que tu prémédites, ce sera pour demain ; mais ne parle pas beaucoup.

Si aujourd'hui *tu portes fleur artificielle*,

En avenir, *te sera angoisse.*

En passé, *tu fus trompé en l'attente du lendemain.*

P. 40. Aujourd'hui, si tu devines une énigme, tu feras pâlir ton ennemi ; cette énigme est en ta pensée ; et en ce jour tu penses à la décision d'une affaire.

Si aujourd'hui *tu vas dîner en ville, qu'il soit maigre,*

En avenir, *tu seras fâché contre la cuisine.*

En passé, *une fête ne dura pas long-temps.*

Q. 41. Aujourd'hui la politique se heurtera contre ta politique ; sois discret. Pensant à papier, tu te demanderas à toi-même où tu existes.

Si aujourd'hui *il te prend mal-aise en tous tes membres,*

En avenir, *il sera bon de te promener, mais non de courir.*

En passé, *tu oublias le temps présent.*

R. 42. Aujourd'hui nouvelle intéressante, un étranger arrive. Si tu prêtes, tu perdras ton prêt; en ta maison est quelque chose qui se perd.

Si aujourd'hui *il t'est pensée nouvelle,*

En avenir, *tu vivras long-temps.*

En passé, *nouvelle remarquable arriva trop tard.*

AVRIL.

S. 43. Aujourd'hui si tu joues pair, tu perdras ton bien; si tu joues non, tu feras perte en *l'esprit*; et en ce jour croyant, sur les apparences, juger sainement, tu en seras bien éloigné; car tu ne comprendras pas le sens des paroles d'un autre.

Si aujourd'hui *tu vois fruit nouveau*,

En avenir, *tu seras en long testament.*

En passé, *ton ombre te fit peur.*

T. 44. Aujourd'hui vois le courant de ta journée, un seul mot hébreu en sera le résultat; quelqu'un voudroit bien te parler, ne t'effraie pas du bruit.

Si aujourd'hui *tu luttes ou joûtes à qui mieux fera, et que tu perdès*,

En avenir, *te sera preuve d'avoir gagné.*

En passé, *tu eus tort d'abandonner la partie.*

U. 45. Aujourd'hui si ton esprit fait profit, réjouis-toi, et en ce jour sois prudent; que ton état ne t'autorise point à séduire l'innocence; respecte le sage et le vertueux : je te parle de ces choses, parce qu'en ce jour occasion de faire le mal te sera présentée, et tes pensées y seront portées.

Si aujourd'hui *tu es altéré*,

En avenir, *tu auras vengeance.*

En passé, *follement tu te repentis de n'avoir pas commis un crime, oui, un crime.*

V. 46. Aujourd'hui est pour toi grand jour; tu deveniras, tu prédiras, tu prophétiseras; mais si je te fais connoître si grand jour, ne souhaite rien d'injuste.

Si aujourd'hui *tu souffres,*

En avenir, *ta peine ne t'aura pas été inutile.*

En passé, *tu méprisas des soins dus à ta santé.*

X. 47. Aujourd'hui, sans trop de précipitation, suis la trace..... étant instruit, attends autre occasion, bientôt elle arrivera; en ce peu de mots, tu dois trouver ce qui t'intéresse le plus.

Si aujourd'hui *tu prends domestique nouveau,*

En avenir, *il sera pour un autre.*

En passé, *tu perdis bon sujet, digne d'être ton ami.*

Y. 48. Aujourd'hui tel que tu sois, quelqu'un désire ardemment ton amitié, par le seul plaisir d'être ton vrai ami; tu le remarqueras dans la journée, et sous peu tu le jugeras bien digne de l'être.

Si aujourd'hui *tu es inhumain,*

En avenir, *proche arbre tu feras prière.*

En passé, *tu fus outré de l'arrogance d'un autre.*

Z. 49. Aujourd'hui petite entrevue, point

de vue en quelque chose, trafic superflu, grande attente, temps perdu, papier à faire des sacs.

Si aujourd'hui *tu transplantes*,

En avenir, *tu ne recueilleras que les feuilles.*

En passé, *te fut estime et amitié d'un que tu ne vois plus.*

&. 50. Aujourd'hui, ton indécision porte retard en tes affaires. De cinq routes, prends sur ta droite; réfléchis à ce qui peut t'attirer de ce côté, vas-y sans indécision, et pour cause.

Si aujourd'hui *tu lis papier*,

En avenir, *tu feras grand projet.*

En passé, *tu te plus à entendre un beau conte.*

A. 51. Aujourd'hui Prince souverain aura consolation, alégresse et réunion des cœurs en général; mais en son particulier il aura tristesse sur l'infidélité d'un courtisan; et pour tout autre, sera nouvelle désirée, mais non reçue.

Si aujourd'hui *il t'est remarque frappante en l'une des sept Pla. ètes*,

En avenir, *te sera découvert haute science.*

En passé, *tu fus surpris d'une lumière.*

B. 52. Aujourd'hui tu seras étonné qu'un faisant grand fracas ne puisse disposer d'un quart de louis; et en ce même jour science et ignorance sera fêtée; mais prouesse n'adviendra pas à tout.

Si aujourd'hui *tu vois ton ennemi dangereusement blessé,*

En avenir, *tu trébucheras.*

En passé, *tu perdis de ton sang, et manquas d'être privé de l'un de tes membres.*

C. 53. Aujourd'hui imagine voir un torrent fondre du haut d'une colline, étendre fièrement ses eaux dans une vaste campagne, mais s'appauvrissant de son étalage, se précipiter dans des vallons, et se perdre peu à peu dans différens souterrains; fixe les yeux sur cette surface limpide, et vois l'heureux enorgueilli, les richesses fugitives, et les coups du sort dont je parle. En ce même jour, tu remarqueras deux hommes également altérés. De quoi?.... Tu le sais: de plus, tu penseras à veuvage. Interprète-moi si tu peux.

Si aujourd'hui *tu es en grande dispute sur un point qui ne te regarde pas,*

En avenir, *te sera contrariété en un projet.*

En passé, *follement tu te laissas entraîner par la foule.*

D. 54. Aujourd'hui visite tes protecteurs; consulte ton ami; caresse ton épouse; embrasse tes enfans; répudie le flatteur; à pareil jour en l'an te sera bonne satisfaction de ce.

Si aujourd'hui *t'apparoît lumière qui passe devant tes yeux,*

En avenir, *tu auras pressentiment de ta dernière heure.*

En passé, *cause céleste te frappa.*

E. 55. Aujourd'hui idée sur un changement, nouvelle de maladie; ne range pas la vertu au nombre des vices; et en ce même jour peut-être entendras-tu trois ou quatre jeux de mots que tu mépriseras; tu pourras aussi lire papier d'un prétendu bel-esprit qui croira en imposer, parce qu'il t'aura écrit sous le nom d'un homme sans étude. Tu demanderas où l'on vend les plumes.

Si aujourd'hui *tu trouves chose valant la plus petite pièce d'argent monnoyé de tel pays où tu sois,*

En avenir, *te viendra bien recouvre de tes ancêtres.*

En passé, *tu te proposas de mettre de côté.*

F. 56. Aujourd'hui achète pour revendre, si par le jour il ne t'est défendu; tu auras bon profit; et toi qui point n'achètes, ne vends pas aujourd'hui, informe-toi d'un absent.

Si aujourd'hui *présent t'est fait,*
En avenir, *tu dois songer à ménager.*

En passé, *tu fus gêné.*

G. 57. Aujourd'hui t'est haute science ; mais que dis-je, aujourd'hui, lorsqu'il n'en est pas un qui ne soit propice pour toi, si tu savois te les approprier ? Or, écoute ; si tu te dis : Depuis mon existence, je n'ai eu que chagrins, pertes et traverses ; et que cela soit vrai, c'est-à-dire que, t'étant trouvé en belle passe, tu n'en aies pas abusé : dans ce jour même, à la première heure sonnante, ne manque pas de recueillir tes esprits ; invoque ton bon Génie, prie-le de t'éclairer ; repasse sans trouble le passé, considère fixement le présent ; lis avec perspicacité l'avenir, et ton Génie *bénin* te fera prendre solide résolution.

Si aujourd'hui *il est jour de la demi-année,*

En avenir, *un grand ami te sera connu.*

En passé, *tu fus bien éclairé ; mais cela te servit peu.*

H. 58. Aujourd'hui tu feras rencontre bien à propos ; mais ne rencontrant personne, tu te pourrois écrier : Ce Zodiaque ne me dit jamais rien de vrai. Or, comprends que tu peux faire rencontre bien à propos, même sans voir personne ; et en ce jour t'est chose plus conséquente que voici : si tu te dis, Je couperois le plus bel arbre de mon jardin, si je savois que cela engageât un Grand à me saluer; à pareil jour en l'an te sera périclitation en tous tes arbres.

Si aujourd'hui, *par réflexion sage, tu es indifférent à chose attrayante,*

En avenir, *tu auras bonne joie dans le décours.*

En passé, *tu reconnus fol amour.*

J. 59. Aujourd'hui un événement pour toi; un *quiproquo* te fera réfléchir; une promenade reviendra en ta mémoire; et en ce jour, homme soit prudent; femme soit circonspecte; fille fuie l'occasion; grossesse pour beaucoup; garçon soit moins entêté.

Si aujourd'hui *tu t'informes des mystères de l'amitié,*

En avenir, *tu seras certain d'être satisfait en tes désirs.*

En passé, *tu eus frayeur pensant à certaine mortalité.*

K. 60. Aujourd'hui tout lieu se contrarie; mais si l'on termine, on goûtera le bonheur d'une fidélité réciproque; et en ce jour affaire t'appelle, tu es même en retard. Un homme noir est vraiment blanc.

Si aujourd'hui *tu vois en table un ennemi qui te cause surprise,*

En avenir, *il te sera utile.*

En passé, *te fus rencontre mal-encontre; le heurtois d'une porte t'intimida.*

L. 61. Aujourd'hui argent, en passage

d'eau, tu auras à parler ; nulle appréhension ; si tu as crainte, ne passe pas l'eau ; j'aurais pu dire le vin ; il est question qu'en tout tu m'entendes ou sous-entendes.

Si aujourd'hui *tu vois triste spectacle*,

En avenir, *il en sera un qui te touchera davantage ; je ne dis pas qu'il soit plus ou moins grand.*

En passé, *sur un entretien tu réfléchissois sans dire mot.*

MAI UNIVERSEL.

Taisez-vous, philosophes systématiques ; vous supposez des faits pour tirer des conséquences. Vous recherchez la vérité dans un nuage, elle s'évanouit avec cette vapeur. Le *Sage* seul tire des conséquences des vrais principes ; il développe l'enchaînement de la vie, parce qu'il en connoît bien la trame cachée. Ses yeux seuls voient le globe lumineux où repose la vérité resplendissante. Taisez-vous, dis-je encore, ô vous, esprits subtils et ignorans, qui avez voulu outrager les Mages ! vous n'avez pu que blasphémer un nom qui jadis fut chéri des Dieux.

MAI.

M. 62. Aujourd'hui nouvelle, pas glissant, sur ce que tu penses, il faut encore un peu de réflexion ; et en ce jour même une phrase françoise te semblera grecque.

Si aujourd'hui *tu achettes bien de fonds*,

En avenir, *il t'adviendra dégoût.*

En passé, *tu te repentis, croyant avoir mal fait.*

N. 63. Aujourd'hui nulle inquiétude ; pense bien, tiens solidement, victoire t'est assurée ; mais en ce, prudence et prévoyance.

Si aujourd'hui *tu inventes impôt*,

En avenir, *tes descendans paieront, et te donneront au diable.*

En passé, *tu languissois proche un grand bien-être.*

O. 64. Aujourd'hui je t'avertis qu'un Politique cherchera le moyen de surprendre ton secret : sera confusion pour la dupe ; et en ce jour, s'il est question de conclure mariage, fais-le, tu n'en seras pas fâché ; car telle union en ce jour, qui est le tien, sera éternellement heureuse.

Si aujourd'hui *bourdonnement de mouche se fait entendre à ton réveil*,

En avenir, *tu sortiras de la poussière ; je dis que ton nom ignoré sera partout public.*

En passé, *tu eus le dessein de bâtir un vaste château, mais les matériaux te manquèrent.*

P. 65. Aujourd'hui si toute boisson te maîtrise, par vile gourmandise ou cupidité, demain honte ; n'en fais la preuve lourdement ; et en ce jour nouvelle tarde, mais arrivera.

Si aujourd'hui, ou la nuit de ce jour, *tu vois chimère ou fantôme*,

En l'avenir, *qui sera dans trois... te sera un grand avertissement qui fera ton bien.*

En passé, *l'on disoit de toi ce que tu dis d'un autre.*

Q. 66. Aujourd'hui tu seras épié en tes démarches; une difficulté bientôt levée; maladie violente; colifichet en jeu.

Si aujourd'hui *tu manges poisson mort de lui-même,*

En avenir, *te sera tristesse.*

En passé, *aliment te sembla amer.*

R. 67. Aujourd'hui bien sur l'eau, nouvelle fausse, tu perdras un prêt, il t'en sera laissé un autre, et un présent, si tu parles bien.

Si aujourd'hui *tu fais perte marquée en ce qui te rapporte rente,*

En avenir, *du bien restant, tes descendans ne t'en auront nulle obligation.*

En passé, *tu fis une folie en papier.*

S. 68. Aujourd'hui table manquée, crainte de clôture, prudence à temps, et nouvelle arrive.

Si aujourd'hui *tu projettes,*

En avenir, *te viendra bonne pensée.*

En passé, *tu avois de justes craintes, étant néanmoins raisonnable.*

T. 69. Aujourd'hui coup imprévu, Ecclésiastique te donnera à réfléchir, deux couleurs très-opposées se trouvent sur le tapis.

Si aujourd'hui *tu es prudent et savant en l'art de la politique,*

En avenir, *un J. première lettre d'un mot, en ton langage, t'aura rendu bon et sûr devin.*

En passé, *tu eus frayeur en un chemin, et tu eus raison.*

U. 70. Aujourd'hui telles épurées que soient tes mœurs, certain bruit te mettra en alarme; tu feras diverses réflexions, la vie te semblera gênante et gênée; tu n'aimeras pas tous les hommes, néanmoins un ne sortira guère de ta mémoire.

Si aujourd'hui *tu lis*,

En avenir, *en tes esprits sera profit.*

En passé, *tu fis bonne réflexion qui cessa trop tôt.*

V. 71. Aujourd'hui tu ne seras pas aimé de tous les hommes; de ce seront coups de langues qui te piqueront; tu voudras te venger, tu n'en viendras pas à bout; tu te rejetteras sur autre qui, en parlant plus mal et plus vrai de toi, te fera reconnoître; mais tout n'éclatera qu'après ta chûte : pour empêcher la nouvelle de ce jour, sois moins politique et plus sage; lumière à brûler; bons yeux qui voient tout; et toi qui es vraiment bon, tu n'es pas éloigné de mettre à profit ta bienveillance; tu entendras parler d'un départ inopiné.

Si aujourd'hui *tu vois Renard, Ecureuil, Fouine et tous autres petits animaux ou vigilans ou sanguinaires,*

En avenir, *tu prendras huile pour vinaigre, et tu ne seras détrompé qu'à l'assaisonnement.*

En passé, *tu fus ménager et oublieux.*

X. 72. Aujourd'hui, donne l'œil à tout, suivant ta position ; repasse tes affaires, donne-leur de l'ordre, ce jour y est propice, et en ce jour, cherchant la victoire, elle s'éloignera de toi ; tu auras expédition sur papier, mais il t'en coûtera.

Si aujourd'hui *animaux des champs te font souleur sans être assez forts pour te faire mal qu'à la longue, les maudissant,*

L'avenir *ne sera pas long pour eux.*

En passé, *tu négligeas le contre-coup d'une chûte qui fut plus dangereuse que le coup même.*

Y. 73. Aujourd'hui bien te voit d'un côté, mai de l'autre ; cela ne regarde nullement ton corps, mais bien ta tête ; un rien te mettroit à l'aise, et ce rien cause grand contraste ; en consultation ignorance reconnue ; et en ce jour est écriture à propos.

Si aujourd'hui *tu goûtes nourriture âcre ou amère,*

En avenir, *tu seras tranquille et assuré près d'un naufrage.*

En passé, *tu fus moins soucieux.*

Z. 74. Aujourd'hui si tu demandes grossesse, porte ton esprit à bien, et réjouis-toi ; prends sur-tout le sensible ; nouvelle de femme, et en ce jour tu feras plusieurs réflexions, une te fera rire.

Si aujourd'hui *tu considères beau tableau, bon ou mauvais, qui te frappe,*

En avenir, *sera science et ignorance en la même affaire.*

En passé, *la curiosité te coûta.*

&. 75. Aujourd'hui n'entreprends point d'entrer dans un champ vert; en ce jour sont bien des choses différentes; en quelqu'un tu remarqueras l'ostentation punie; un autre au piquet sera capot, sans avoir joué avec ce célèbre Escamoteur, ou plutôt véritable Artiste; un autre rira sur le bord de son trou; deux ennemis se ligueront ensemble, et auront sur les doigts; un petit vent en raffraîchira un autre; tu verras encore différentes choses, dont une intéressera tous ceux de ce jour, s'il est comme à toi jour de mon Zodiaque; un chat tirera les marrons du feu; un singe les mangera, et un nouveau spectacle où seront de très-beaux tours de force, sans sauter sur la corde; le Maître de ce Spectacle sera bien aimé de tous les Spectateurs; aussi se piquera-t-il de surpasser tous ceux qui ont paru : tu en seras satisfait.

Si aujourd'hui *tu manges le premier fruit d'un arbre qui n'en a jamais porté,*

En avenir, *tu feras bon voyage, ta vie sera plus longue, sans vivre plus qu'un autre.*

En passé, *en une voiture tu faillis.*

A. 76. Aujourd'hui paroles perdues, sociétés ennuyeuses, petite réussite, effet est en jeu, et en ce jour tu apprendras une folie, tu y prendras part.

Si aujourd'hui, *pressé par les plus grands besoins humains, tu n'as pas la faculté de te satisfaire, en ce même jour tu auras remords;* mais,

En avenir, *t'adviendra un bien-être dont tu sauras profiter.*

En passé, *tu fus lourdement trompé par un flatteur.*

B. 77. Aujourd'hui désunion sensible aux yeux, douceur de proches, secours à pas trop lents; nouvelle connoissance, sujet d'humeur; grand préparatif n'a pas le sens commun.

Si aujourd'hui, *par le feu tu vois dégât,*

En avenir, *à temps tu aviseras à grand dommage.*

En passé, *dans la chaleur que tu recherchois, le froid t'auroit été nécessaire.*

C. 78. Aujourd'hui proposition de campagne, maladie pour toi, projet qui t'occupe, en ta pensée tu prends le change, faux secret.

Si aujourd'hui *tu passes tout le jour sans savoir les heures, n'y pensant nullement,*

En avenir, *t'adviendra une attente que tu ne verras jamais terminée.*

En passé, *te sembla éloigné ce qui t'a paru passer trop vite.*

D. 79. Aujourd'hui défie-toi de taxer un homme d'ignorance; ne juge pas à l'inspection, quoiqu'il semble avoir peu d'esprit ou d'expérience; car tes jeux de mots et tes talens foibliroient à la *lueur* d'une de ses pensées; heureux si tu t'en apercevois seul! car autrement tu serois bafoué tout haut ou méprisé tout bas, si par complaisance on ne vouloit pas éclater; et en ce jour, un qui dissertera beaucoup sur le temps en fera un grand abus; tu l'entendras sans l'écouter.

Si aujourd'hui *il t'est nouvelle des pays étrangers,*

En avenir, *tu ne seras pas satisfait entièrement.*

En passé, *tu grondas beaucoup pour papier perdu.*

E. 80. Aujourd'hui, que tu saches ou ne saches pas qu'il est homme en pays éloigné qui pense à toi; et que tu connois; je te l'atteste, tu ne tarderas pas à en avoir nouvelle : si tu dis, Je sais qu'il en est plusieurs, mais il n'en est qu'un qui m'intéresse, certes celui-là t'écrira : un autre que tu ne désires pas voir arrivé avant ta pensée, et de tel côté que tu te retournes, la victoire est pour lui; s'il y a tempête, crains le naufrage.

Si aujourd'hui *tu vois étoile filer,*

En avenir, *tu réfléchiras aux habitans des sept Planètes.*

En passé, *tu fus émerveillé de voir un point relatif à haute science; mais tu l'oublias bientôt, n'y comprenant pas assez.*

F. 81. Aujourd'hui en l'esprit humain tout est bien ou tout est mal; si tu es vicieux, tu scandaliseras; si tu es vertueux, tu seras scandalisé.

Si aujourd'hui *tu sèmes alors que les autres dorment,*

En avenir, *tu recueilleras beaucoup, surtout en l'esprit.*

En passé, *tu ne fus pas satisfait d'un usurier.*

G. 82. Aujourd'hui je sais qu'il est quelque chose en tes esprits qui t'agite; mais espère, sois actif et vigilant.

Si aujourd'hui, *femmes ensemble devant toi parlent d'affaire grande,*

En avenir, *te sera perplexité.*

En passé, *les petites choses avoient un grand pouvoir sur ton esprit foible.*

H. 83. Aujourd'hui est autre orage auquel tu ne t'attendois pas; mais nul souci, plus le feu est âpre, plus tôt il se consume : et en ce jour si tu relèves enfant ou vieillard que tu verras tomber à terre, l'un te sera utile, l'autre t'instruira; et pendant que ton imagination parcourt différens pays, le voyageur fait sa route et arrive à son gré.

Si aujourd'hui *tu brûles lumière en la nuit,*
En avenir, *tu tomberas dans une folie.*
En passé, *tu soupçonnas bien qui t'avoit volé.*

J. 84. Aujourd'hui sois sur tes gardes, je t'assure qu'il vient près de toi un flatteur: il se pourroit qu'il fût en tes esprits; mais juge sainement.

Si aujourd'hui *tu appréhendes en juste cause,*
En avenir, *tu surmonteras une embûche.*
En passé, *l'on t'accusa de peu d'esprit; mais en ce moment tu raisonnes juste.*

K. 85. Aujourd'hui est bon à te dire ce qui suit, parce qu'en ceci beaucoup de choses te regardent. Ecoute : toutes les familles sont autant de petits états séparés ; le maître du logis en est le souverain, ses enfans sont les princes, ses domestiques sont les sujets. Il faut, pour le bon ordre, que ce petit roi soit vertueux, ami de la vérité, ennemi du mensonge. S'il y a des princes qui recherchent leur bonheur, qu'on ne le prenne pas toujours du mauvais côté, mais qu'il se tienne sur-tout en garde contre l'esprit d'insolence et de révolte, de cupidité et d'envie, qui ne porte que trop souvent ses sujets à semer la désunion dans l'état, à secouer le joug des princes, et à dissiper les fonds du souverain. Ces obscurs sujets sont tout à la fois des flatteurs rampans, et des sangsues pernicieuses, qui emploient les moyens les plus bas, les coups les plus sûrs pour ruiner l'état qui les soutient. Il faut que ce monarque despote corrige sévèrement cette vile populace; qu'il sache même s'en défaire à propos, et qu'il ne lui ouvre un cœur de père que quand elle le mérite par un zèle reconnaissant, et un attachement respectueux pour lui et pour toute sa cour.

Non seulement ces petits monarques doivent prévenir les guerres intestines, il faut encore qu'ils terminent les différends de leurs alliés. Très-différens des premiers maîtres de la terre, ils ne doivent jamais cultiver les lauriers de Bellone, mais bien faire fleurir l'olivier de la paix. Si ces roitelets ont des vassaux, ils sont aussi tributaires, et ne sauroient trop payer ce qu'il en coûte à leurs suzerains pour dicter les lois qui maintiennent leurs fortunes; les armées qu'ils soudoient pour défendre leur liberté; la police qu'ils maintiennent pour veiller à leur sûreté : sans parler des ponts, des chemins, des canaux, des marchés, des promenades, des spectacles qu'on doit à leur magnifique bienfaisance.

Si aujourd'hui *il t'est fait des reproches*,
En avenir, *ceux qui t'en auront fait ne t'auront pas compris.*

En passé, *tu fus piqué judicieusement contre un qui te refusoit ce qu'il pouvoit te donner.*

L. 86. Aujourd'hui tu seras conduit par la curiosité d'être instruit ; mais avant, arme tes esprits de politique, de force et de prudence ; l'une de ces trois te sera avantageuse.

Si aujourd'hui *tu demandes chemin droit dans le dessein de prendre route opposée, tu fais bien, si tu as tes desseins justes et secrets ; car si tu n'avois pour but que de suivre ta tête.*

En avenir, *te seroit inquiétude relative à cet objet.*

En passé, *tu plaisantas les disciples d'Hippocrate ; mais peu après tu leur demandas conseil.*

M. 87. Aujourd'hui, si en avant tu avais mal débuté, ce serait le jour d'y remédier ; mais il te faudroit encore savoir le jour que tu pourras éclater : suis mon zodiaque, nouvelle tu vas recevoir.

Si aujourd'hui *tu remarques dans les nuages certaines figures, elles te parleront pour l'instant,*

En avenir, *tu te diras : J'ai vu figures sensibles, qui m'ont annoncé la situation où je suis. Voir chose céleste, c'est consolation ; voir lion, c'est force ; voir homme, c'est honneur ; voir femme, c'est tapage ; voir loup, c'est mangerie ; voir cheval, c'est bon travail ; voir montagne, c'est fatigue en projet ; et ainsi de tout autre il faut interpréter l'emblême.*

MAI.   53

En passé, *te fut une saine pensée ; mais tu ne la suivis nullement.*

N. 88. Aujourd'hui sera pour toi bon rire; car sous tes yeux tu verras un sot te juger sans arrêt; et de son jugement, tu en feras papillotes, sans qu'il puisse en rien dire.

Si aujourd'hui *tu vois oiseau faire son nid, surtout hirondelle*,

En avenir, *te seront matériaux qui t'auront peu coûté, et qui beaucoup te serviront.*

En passé, *tu fis une remarque sur l'excès d'effronterie d'un mauvais sujet.*

O. 89. Aujourd'hui, comme hier, le temps coule et les jours se suivent; tu seras soucieux; quelqu'un te louera devant toi; tu lui prodigueras généreusement une épithète qui lui appartiendra.

Si aujourd'hui *il est lundi, et que tu fasses la rencontre d'un bon ami, autant qu'il est à présent possible d'en trouver*,

En avenir, *il te secourera singulièrement.*

En passé, *te fut rendu un bon service d'ami, ne l'oublie pas.*

P. 90. Aujourd'hui que de peine, je le sais; que de traverses, je le sais; que de contraste en la vie, je le sais, et dix fois plus que toi; mais remonte à la source, et prends consolation.

Si aujourd'hui *os de mort est foulé par toi aux pieds, je dis os de celui qui fut ton semblable,*

En avenir, *ta seront ina ux en les mêmes os que tu auras foulés, les reconnaissant pour être, comme j'ai dit, de tes semblables.*

En passé, *tes sens surpris par un événement te firent follement croire que l'homme étoit l'esclave du destin ; que le même événement prenne un cours ordinaire, tu penseras tout différemment.*

Q. 91. Aujourd'hui brise les mauvais liens, renoue les bons, reviens à qui tu dois; la pensée n'est pas l'esprit; change l'effet pour la cause.

Si aujourd'hui, *suivant ta route en mon Zodiaque, tu te trouves en premier juin,*

En avenir, *tu reconnoîtras un retard reconnu trop tard,*

En passé, *te fut un jour bien remarquable, relativement à toi.*

R. 92. Aujourd'hui tu auras un rendez-vous; si tu y vas, remords; si tu n'y vas pas, remords ; le premier plus conséquent et plus tardif que le dernier.

Si aujourd'hui *tu apprends malheur, occasioné par arme à feu,*

En avenir, *à pareil jour, ne te joue à nulle arme, tiens-t'en même éloigné.*

En passé, *tu oublias, dans diverses folies, ton nom, ton état, et le décorum que tu devois garder.*

JUIN UNIVERSEL.

Tout ce que nos yeux voient sans cesse nous semble naturel. Le jour et la nuit se succèdent..... Nous avons un grand projet, il réussit..... Deux jeunes gens s'aiment, on dit : c'est naturel. Combien d'autres choses qu'on rapporte toujours à la nature ! Mais que seroient ces choses ? quels en seroient l'enchaînement et l'issue sans l'Auteur divin, le moteur de la nature, dont la puissance infinie a tout créé de rien, et dont la seule volonté règle l'ordre, le mouvement et la durée de l'univers ?

JUIN.

8, 93. Aujourd'hui ayant bien attendu, tu auras réussite, mais tu n'en feras pas cas; et en ce jour, s'il t'est grand gain en esprit, ton corps ne doit pas être en grande santé.

Si aujourd'hui *tu arrives à temps pour faire respecter l'innocence,*

En tes vieux ans, *courbé et débile,* un jeune et vigoureux bras punira grandement un étourdi de t'avoir manqué.

En passé, *une fausse crainte te fit délaisser un infortuné.*

T. 94. Aujourd'hui les paroles seront de saison, l'air sera pour les dire; chemin beau, mais étroit; plus avant, pensées variées.

Si aujourd'hui *tu scandalises par rudesse parent tel qu'il soit, n'agissant ainsi que par brutalité, méchanceté :*

En avenir, *un bien proche te sera plus dur.*

En passé, *ayant toute la raison de ton côté, néanmoins tu fus taxé d'entêtement.*

U. 95. Aujourd'hui je sais qu'il n'est nul homme au moins sans quelque défaut; toi-même, en cet instant, tu n'es pas parfait; tu penses beaucoup, et ne réfléchis guère; tu écris, mais pas comme il faut; tu lis sans t'arrêter; oui, en tout ce qui te regarde le plus en ce jour, tu fais une faute, à laquelle je te dis de réfléchir.

Si aujourd'hui *tu vois nourrice ayant beau nourrisson, et que de son sein fasse rejaillir lait sur toi, que cette nourrice soit telle que choisie pour les grands.*

En avenir, *te sera abondance, dont tu feras un bon usage.*

En passé, *tu entras pour beaucoup dans la vengeance d'un mauvais sujet, et au préjudice de l'innocent.*

V. 96. Aujourd'hui est en haute science; à qui sera grandement joyeux, adviendra tristesse; et à qui sera grandement tristesse, adviendra joie; et en ce jour, poudre perdue.

Si aujourd'hui *eau te semble amère*,

En avenir, *te sera longue maladie.*

En passé, *tu fis le dégoûté bien mal à temps.*

X. 97. Aujourd'hui un mauvais procédé te touchera ; un fat sera loué tout haut, méprisé tout bas ; un ingrat sera puni.

Si aujourd'hui *tu marques ou traces le chemin à outrage,*

En avenir, *n'accuse personne de ton revers, mais toi-même qui y auras donné lieu.*

En passé, *tu te scandalisas sans nul sujet, et tu n'en voulus pas convenir.*

Y. 98. Aujourd'hui, si tu dors tard, ouvrage peu avancé ; mais si tu n'entends rien à la conduite de tes affaires, dors ; si mieux qu'un autre tu y peux travailler, à propos lève-toi ; et en ce jour un événement, une visite, une nouvelle, et un incident à un de tes amis.

Si aujourd'hui *il t'est surprise d'un coup fait par le seul hasard,*

En avenir, *te sera victoire par une bonne réflexion.*

En passé, *te fut un choix, tu pris le pire.*

Z. 99. Aujourd'hui autre nouvelle ; un changement en ta pensée ; fracas ne dure pas.

Si aujourd'hui *tu tentes aucun à son dommage, tu réussiras ; mais,*

En avenir, *tu n'en seras pas plus satisfait.*

En passé, *si tu eusses su ce que tu sais, tu serais plus fortuné ou moins soucieux.*

&. 100. Aujourd'hui tu verras jouer le scrupule; il te sera requis des petits soins; l'on jouera aussi le jaloux, l'on parlera de mort, de désespoir, de départ; mais garde-toi de rien croire ni de jouer toi-même ces rôles, car les machines manqueraient; et en ce jour ne t'engage pas pour un autre; chacun porte sa malle.

Si aujourd'hui *tu vois parade, il n'importe laquelle,*

En avenir, *seul tu riras de ressouvenir.*

En passé, *ayant lu, tu as pleuré, et après tu pleuras d'avoir pleuré.*

A. 101. Aujourd'hui d'enfant ou de parent auras souci; et en ce jour peu sciencé en une partie, un effet naturel te semblera prestige.

Si aujourd'hui *il te vient grande pensée de la vie à la mort,*

En avenir, *en la surface d'un miroir, il te sera démontré chose qui s'approchera, quoiqu'elle te paraisse éloignée.*

En passé, *tu pris une juste satisfaction à chose légitime.*

B. 102. Aujourd'hui homme et femme, écoute, le premier est plus solide, la deuxième est plus pénétrante; celui-là est plus assuré dans ses coups; celle-ci est plus subtile;

homme contre femme aura débats, et en ce jour homme tu souffriras malgré toi trahison de femme; et toi femme, si tu chéris homme, tu retiendras cette annonce.

Si aujourd'hui *tu ne retiens parole*,

En avenir, *tu seras fâché*.

En passé, *tu crus à maladie*.

C. 103. Aujourd'hui tu seras disposé à manquer à qui tu dois égards, soit de lui à toi, ou relativement à tes affaires; ne fais pas cela, deux.,.. seront dominans.

Si aujourd'hui *tu entends éclats de tonnerre*,

En avenir, *te sera prudence et diligence*.

En passé, *tu oublias un rendez-vous profitable*.

D. 104. Aujourd'hui use de la nuit et du jour, sans faire l'un de l'autre; en belle clarté te sera grande chose visible; en ténèbre tu seras en contraste.

Si aujourd'hui *tu es découvert en complot ou dangereux mystère*,

En avenir, *sur place tu perdras la vie. Songe que pour tous forfaits tous jours sont climatériques*.

En passé, *tu oublias le glorieux honneur d'être un bon citoyen*.

E. 105. Aujourd'hui homme tu te reposes mal-à-propos sur argent et alimens passagers; femme tu entraîneras; et cependant tous deux végéterez séparément, et en ce jour sera pique-nique et jalousie qui te regardent. Sois réservé.

Si aujouad'hui *tu remarquer choses qui puisse porter préjudice à toi ou à tes semblables*

En avenir, *tu seras beaucoup loué de ton discernement.*

En passé, *tu ne compris pas qu'il étoit nécessaire qu'un mal existât pour en éviter un autre, Laïs pour beaucoup.*

F. 106. Aujourd'hui tu seras disposé à faire connaître à autre ton ami; mais donne-t'en de garde; car tu le perdrais, et pour tout en ce jour ne confie pas beaucoup. Femme ne fréquente pas femme.

Si aujourd'hui *tu vois pigeon blanc se poser de grand matin venant de la droite,*

En avenir, *en ton chagrin t'adviendra consolation.*

En passé, *te fut joie; mais elle étoit fausse.*

G. 107. Aujourd'hui, si tu recherches ton bien, mais bien sans vice, tu feras bientôt la rencontre de l'utile et de l'agréable : si frivolité conduit tes esprits, retourne en arrière.

Si aujourd'hui *tu vois graine en dépérissement par cupidité et non pas négligence,*

En avenir, *tu maudiras un grand usurier, qui, loin de se corriger de son affreuse cupidité,* cherchera de plus en plus les moyens de te faire péricliter.

En passé, *tu juras ; mais sans jurer tu eusses pu mieux faire.*

H. 108. Aujourd'hui celui qui te fait le moindre bien n'est pas celui qui t'estime le moins; pour toi serait bon mariage; s'il existe, sois doux ; s'il n'existe pas, manque à porter dommage.

Si aujourd'hui *il t'advient belle et noble pensée,*

En avenir, *tu parleras peu, mais à temps.*

En passé, *l'on questionna pour toi les augures ; ils annoncèrent bien juste, mais le pronostiqueur fut en oubli.*

J. 109. Aujourd'hui ambition est bonne ; mais il faut écriture ou bonne mémoire ; compose ton sujet; c'est haut, c'est bas; pense au résultat, et préviens un inconvénient.

Si aujourd'hui *tu promets plus que tu ne peux effectuer,*

En avenir, *sera mépris de toi, suivant la teneur de ta promesse.*

En passé, *tu reçus, mais ne rendis pas.*

K. 110. Aujourd'hui naissance d'enfant te surprendra; qu'il vienne au monde ou qu'il soit à venir, mais bâti : c'est tout un, grand pour et contre superflu n'est pas en ce jour.

Si aujourd'hui *tu vois ton semblable attéré,*

En avenir, *relativement à ce sujet, tu pen-seras tout différemment.*

En passé, *tu agis d'une manière peu digne de toi.*

L. 111. Aujourd'hui tu verras chose simple, mais grande et belle; tu verras aussi amas confus de diverses langues; tu verras brûler des pavés; tu pourras trouver en la superficie des eaux quatre élémens, et en ce chose utile; le doux et l'amer agiteront tes sens.

Si aujourd'hui, *trois sont en consultation, et de trois avis différens,*

En avenir, *rien de profitable de la consultation.*

En passé, *la frivolité fut bien ta perte.*

M. 112. Aujourd'hui caquet, brouille, dépit amoureux; raccommodement bisarre.

Si aujourd'hui *tu vois détruire orme,*

En avenir, *vent agitera tes esprits,*

En passé, *il te revint un plaisir bien court de ta folle dépense.*

N. 113. Aujourd'hui sera ingratitude mal combinée: si c'est toi, dommage; si c'est envers toi, sans mot dire, auras bonne et prompte vengeance.

Si aujourd'hui *tu vois spectacle hideux, en réalité, en souvenir, ou en prestige,*

En avenir, *proche quatre colonnes tu verras grande assemblée; fête pour les uns, sup-*

plice pour les autres, et pour toi fête et supplice.

En passé, *les cailloux se battirent contre toi, ou toi contre eux.*

O. 114. Aujourd'hui est en contraste, c'est argent qu'il te faut, et en ce jour tu verras un sot prendre le ton railleur.

Si aujourd'hui *tu aspires après les vêtemens d'un mort,*

En avenir, *tu en auras habits, mais peu avec.*

En passé, *un grand cri fut ta seule défense.*

P. 115. Aujourd'hui sois discret sur le secret de ton état; une femme trahira; un homme sera trop efféminé, c'est-à-dire qu'il sera peu ferme; et en ce jour une Précieuse ridicule, imaginant avoir séduit ton cœur par les charmes qu'elle croira posséder, t'honorera d'un regard dédaigneux.

Si aujourd'hui *tu vois hommes s'entre-choquer sans intention,*

En avenir, *tu seras affligé d'un incident arrivé à quelqu'un que tu aimois ou aimeras d'amour.*

En passé, *tu te trouvas dans un furieux choc.*

Q. 116. Aujourd'hui si tu as mis à la Loterie, seulement par cas fortuit, et qu'infortuné y ait part sans avoir cottisé pour la mise, le gain est certain.

Si aujourd'hui *tu trouves ruisseau pour étancher ta soif*,

En avenir, *de la dépouille d'un autre tu profiteras innocemment.*

En passé, *argent te vint bien à temps.*

R. 117. Aujourd'hui tu feras le dénombrement de tes pensées. Où l'une de ces trois lettres D, M, A, dominera, tu auras réussite.

Si aujourd'hui *tu apprends événement extraordinaire,*

En avenir, *tu seras en liaison de paroles avec ceux qui y étoient intéressés pour peu ou beaucoup.*

En passé, *la chasse fut utile à ta santé ; mais non à ta liberté : je sais pourquoi.*

S. 118. Aujourd'hui je te veux éclaircir en la très-haute science éprouvée sur moi et par moi ; en tout ceci est cause deuxième et non autre ; de ce ne retrancheras ni n'y ajouteras rien par aucun motif : écris sur papier le nom de tes ennemis ; n'oublie pas ceux même que tu soupçonnes vouloir te nuire.

(Exemple V. D. F. M.) ainsi leurs noms tout entiers, puis tu mettras en avant, si tu le sais, le nom de leur croyance.

Ceci exécuté, mets en bas de la même page les noms de ceux à qui tu en veux.

Exemple, D* M* M* S* ; cela fait, il te faut

protester intérieurement et véridiquement, que tu ne feras jamais aucun mal direct ni indirect à ceux de la dernière ligne.

Ensuite tu raieras tous les noms l'un après l'autre, commençant par le D d'en bas ; ensuite le V qui est en haut ; après tu raieras M d'en bas ; ensuite D d'en haut ; ainsi jusqu'à la fin : s'il te reste des noms dans l'une ou dans l'autre ligne, tu tireras dessus un seul trait ; mais en voyant les noms d'en bas, tu diras : Que paix soit entre nous, je te pardonne : et à mesure que tu raieras les noms d'en haut, tu diras : Que la paix m'advienne de toi : ceci fait, tu garderas et porteras sur toi ce papier sept jours durant, et tâcheras pendant ledit temps de voir tous ceux dont tu auras écrit les noms, et les considéreras avec œil bénin et cœur tendre. Qui que tu sois, cette épreuve faite, tu ressentiras un des plus beaux effets de la sublime et haute science. Remarque que ce jour seul est propice à cette religieuse opération.

Si aujourd'hui *se fait tout-à-coup sentir suave odeur,*

En avenir, *te sera alégresse que jamais tu ne goûtas ni ressentis.*

En passé, *tu manquas à promesse touchant la haute science.*

T. 119. Aujourd'hui tu douteras de la

vérité; les apparences te frapperont; tu reviendras à ton premier jugement; un événement te guidera mieux que tes esprits.

Si aujourd'hui *il est vendredi*,

En avenir, *tu apprendras tout à-coup une nouvelle de mort, qui te fera agiter le corps et l'esprit.*

En passé, *tu pensas bien et mal à vengeance, entends-moi : tu avois cause de ressentiment, mais tu devois mépriser l'ennemi.*

U. 120. Aujourd'hui nul tort ne t'est fait en paroles; tu feras une grande annonce. Autre annonce de profit; et toi si tu arrives à temps, sans nullement marcher, te sera nouveau titre.

Si aujourd'hui *tu dépenses argent pour ce qui t'est utile, et pourroit ne te l'avoir jamais été,*

En avenir, *tu penseras à l'esprit des uns, à la duperie des autres ; tu seras du nombre des derniers.*

En passé, *tu fus montré au doigt, mais du méchant côté.*

V. 121. Aujourd'hui tu remporteras une victoire que tu ne croiras pas telle, si tu es lié par liens sacrés : en ce jour, l'infidèle se plaindra de mal-aise en son esprit ou en son corps; et si tu suis celui qui y a donné lieu, tu lui verras en ce même jour événement; s'il s'est plu à la naissance du lien, il sera hors de lui. Ceci est haute cause.

Si aujourdhui *tu composes sujets hors de ta sphère,*

En avenir, *plus sciencé qu'en ce jour, tu rangeras ta composition au nombre des folies ou des modiques choses.*

En passé, *ponr te sauver d'un peu d'eau, tu t'enfonças dans le bourbier.*

X. 122. Aujourd'hui en ton esprit doit règner inquiétude; à cette inquiétude en succédera une autre plus intéressante.

Si aujourd'hui *oreille te bourdonne, et qu'il te soit joie secrète,*

En avenir, *tu sauras que quelqu'un parloit en bien de toi; si au contraire tu as le cœur triste, tu apprendras que l'on en parloit en mal.*

En passé, *si tu eusses été instruit en un sujet, tu y serois devenu très-savant.*

JUILLET UNIVERSEL.

Il est de la sage police d'un Gouvernement d'empêcher la fermentation qu'excitent sourdement tous les ouvrages licencieux ou polémiques. Quiconque souille sa plume par de tels écrits, déshonore l'humanité en lui, en cherchant à l'avilir dans les autres.

Un homme à système soutient que le moyen d'empêcher les libelles, ce seroit de déshonorer publiquement leurs auteurs. Cette censure seroit, dit-il, un miroir ardent, dont le foyer lanceroit des rayons brûlans qui dévoreroient l'âme du coupable, tandis que sa surface lui représenteroit l'image monstrueuse de ses vices. La crainte du mépris public le rameneroit à l'amour du bien et à l'esprit du bon ordre. C'est servir le corps de la société, que d'en bonifier les membres.

JUILLET.

Y. 123. Aujourd'hui amour ne répond pas à amour; chagrin chimérique, quelquefois raisonnable; en ce même jour en grandes pensées, et en sommeil, tu domineras sur ta nation.

JUILLET.

Si aujourd'hui *tu perds, ne soupçonne personne;*

En avenir, *tu seras instruit amplement.*

En passé, *ton valet prit ton nom, et toi celui de ton valet.*

Z. 124. Aujourd'hui écoute ceci, non pour te servir, mais pour te garantir. Qui dans ce jour donnera des fers à l'innocent, de telle manière que ce puisse être, éprouvera bouleversement en sa maison, son protégé le foulera; et désirant d'y mettre ordre, le oui qu'il voudra prononcer s'étouffera sur le bord de ses lèvres; en son déclin pierre se détruira du fond de ses murs, et ses descendans chercheront le soc de sa charrue, et le seuil de sa porte; preuve dominante en ce jour, que j'ai suivie d'après un très-savant en la haute science.

Si aujourd'hui *tu consignes argent pour mettre bâtiment hors de la rade,*

En avenir, *sois certain d'être satisfait.*

En passé, *tu ne fus pas trop honnête homme, s'il est permis de m'exprimer ainsi. Sur ce réfléchis et pense à qui tu eus affaire.*

&. 125. Aujourd'hui te sera un bon jour de ressouvenir; un événement que tu regarderas nonchalamment te sera plus utile que celui que tu suis.

Si aujourd'hui *tu trouves bestiaux morts*

d'eux-mêmes, et que tu leur ouvres les entrailles,

En avenir, *te sera joie de ta curiosité; mais si tu n'y connois rien, emploie l'homme habile en cet état.*

En passé, *une folie t'enthousiasmoit.*

A. 126. Aujourd'hui tu recevras papier écrit; tu croiras trop ou trop peu; tu seras disposé à vouloir ce que tu ne permettrois pas à un autre; et d'un autre côté, tu seras obligé de penser d'une façon et d'agir de l'autre. Une demande te sera octroyée, tu continueras d'excuser un coupable.

Si aujourd'hui *tu te dis : Je me garderai bien de me laisser surprendre, j'ai pour moi la raison, la preuve et l'expérience, et que tu glisses,*

En avenir, *sujet de repentir.*

En passé, *tu foulas un trésor sous tes pieds, et tu avois grand desir d'argent, et même besoin.*

B. 127. Aujourd'hui assemblée, curiosité en perte, maladie au néant, amour ou double mariage se barre, un amant nous quitte.

Si aujourd'hui *tu as dispute en ta maison, et qu'obtination soit égale,*

En avenir, *te sera rupture.*

En passé, *tu ne suivis que ta tête, et non pas bon conseil de parens.*

C. 128. Aujourd'hui argent déposé sera

mal sûr; folle promesse sera aperçue; qui s'élevera trébuchera.

Si aujourd'hui *tu fais une folie économique, en te passant du nécessaire,*

En avenir, *tes héritiers se riront de ta folle conduite.*

En passé, *tu pensois différemment, ressouviens-t'en.*

D. 129. Aujourd'hui amour se déguise; demande service en ton besoin, ce jour t'y est propice; et en ce jour te sera chose remarquable en l'esprit; tu verras figure ayant trois yeux, te regardant de trois différens côtés; au premier de ses regards te sera enthousiasme; au deuxième te sera indignation; au troisième te sera tempérance et réflexions sur les deux autres vues.

Si aujourd'hui *homme et femme sont en première folie de dépense l'un pour l'autre,*

En avenir, *celui qui recevra aura beau jeu de ne laisser au fou que les yeux pour pleurer, et la grande maison pour ressource, Etteilla dit que ce jourd'hui est une bonne entrée pour dépouiller les dupes; le contre-poison est en la réflexion de ce jour.*

En passé, *follement tu traças ton nom.*

E. 130. Aujourd'hui tu penseras à effet, et en ce jour est trop tôt;..... réfléchis en quoi.

Si aujourd'hui *homme et femme versent des larmes*,

En avenir, *l'homme sera surpris en lâche foiblesse; la femme surprendra par la victoire.*

En passé, *tu passas contrebande qui n'auroit pas fait rire la Ferme, ou au moins les Fermiers.*

F. 131. Aujourd'hui nouvelle de fête; projet donne inquiétude; crainte de t'égarer, fais-toi instruire.

Si aujourd'hui *tu entends instrument nobles*,

En avenir, *femme te sera propice.*

En passé, *homme privé fut par toi reconnu pour un infâme libre.*

G. 132. Aujourd'hui tient de cette contrée en laquelle on garde l'équilibre entre le pour et contre : mets-toi donc entre le oui et le non, qui pour toi seroit en contraste; et ressouviens-toi que j'ai dit que celui des deux qui se trouveroit, par la juste et unique règle de mon ZODIAQUE, le premier en ce jour, laisseroit le vaste champ libre à l'autre; tous deux y arrivant ensemble, se donneront le mot pour faire le voyage ou se suivre de bien près.

Si aujourd'hui *dans le jour ou la nuit tu t'assoupis pour reposer, et que tu entendes une voix t'appeler par ton nom, soit en réalité ou fiction*,

JUILLET. 73

En avenir, *ressouviens-toi qu'Etteilla t'a annoncé d'après ce, que, prêt à être attéré, foulé, anéanti, tu seras averti bien à temps par le même Génie qui t'aura appelé ; en ce moment ne sois pas sourd, ou pour mieux dire ne dis pas à l'Esprit de te parler plus clair; il suffit même qu'il te conduise à l'appareil de ta chûte ; tes esprits doivent agir ; si tu ne me comprends pas, relis-moi.*

En passé, *grand étalage ne fut pas vente.*

H. 133. Aujourd'hui comme en bien d'autres, le vent qui agite les mers inspire la crainte aux voyageurs ; mais le bon voyage amène profit ; évite le torrent ; joie n'est pas pour tous ; ne perds point papier, tes yeux te serviront.

Si aujourd'hui *tu es surpris par brigands,*

En avenir, *tu te ressouviendras de ta perte, et non de leur méfait ; en tout autre, défie-t'en, c'est-à-dire qu'en ce jour ils ne te peuvent nuire.*

En passé, *l'on fut bien prêt de crocheter ta serrure et de forcer ta porte, ou toi-même tu attentas à celle d'un autre.*

J. 134. Aujourd'hui ne satirise ni ne rebute ; si tu sais rechercher avec choix un homme, il te rendra service sans qu'il lui en coûte ; un fracas ne sera pas de ton goût ; aujourd'hui tu dis vrai.

Si aujourd'hui, *pour te faire remarquer, tu*

dépenses argent follement, un sage en rira, etc.

En avenir, *tu réfléchiras à ta dépense.*

En passé, *ton père te laissa trois francs, qui ne lui avoient coûté que trois liés.*

K. 135. Aujourd'hui repasse en ta mémoire un bon vieux songe; car en ce jour il sera effectué.

Si aujourd'hui *tu déjeûnes le matin avec appétit,*

En avenir, *te sera longue santé de ce jour.*

En passé, *tu compris bien une énigme, mais le dénouement ne te fut point heureux.*

L. 136. Aujourd'hui repose ton ambition, ou change en quelque chose : une de tes fautes tu pourras réparer, si tu éloignes ostentation.

Si aujourd'hui *tu vois gens de vie privée au matin t'apporter première nouvelle,*

En avenir, *tu ne pourras sortir d'un endroit, le voulant.*

En passé, *te fut bon avertissement dont tu n'eus nulle obligation à qui te le donnoit.*

M. 137. Aujourd'hui te sera une trahison aperçue; si tu rencontres ennemi, va lui parler, il t'annoncera la paix.

Si aujourd'hui *la raison t'éloigne de la foule,*

En avenir, *tu seras loué de ta prudence.*

En passé, *tu admiras gibier qui ne valoit pas la charge.*

JUILLET.

N. 138. Aujourd'hui garde-toi de participer à la rupture de tout ce qui tient à la haute science : en elle est renfermé le devoir de la créature envers le Créateur, du Peuple envers son Souverain. Il ne faut pas non plus dessaisir le Seigneur de son droit, priver le fils d'un père, rompre la chaîne qui lie deux tendres époux, ni celle de deux amis vertueux : respecte aussi le bien de la veuve et de l'orphelin, comme trésor sacré enclavé dans la haute science, etc. Tous lesquels méfaits que je te défends en ton jour de mon ZODIAQUE te seront aussi à perdition, étant commis au jour de celui à qui tu nuiras : et si de ce étant coupable, tu n'y remédies promptement, il t'arrivera incident ou accident; et si tu as prévoyance de haut savoir, tu diras en temps : Bon ! cela devait arriver ainsi ; mais point ne te releveras sain que tu n'aies fait œuvre pie en réparation. D'un autre à toi, te sera la même preuve.

Si aujourd'hui, *joie publique, ne te recrées pas*,

En avenir, *tu seras rêveur, taciturne et mélancolique*,

En passé, *tu fis bon voyage, peu de profit*.

O. 139. Aujourd'hui lettres et billets, et autres lettres reçues et envoyées, donneront satisfaction; en ce jour tu te révolteras contre l'inhumanité; parens te consulteront; te viendra bonne idée.

Si aujourd'hui *tu chois par terre par faux pas ou autre effet,*

En avenir, *tu dois être modéré à question qui te sera faite en grande pensée et en proposition.*

En passé, *il te fut divers événemens qui t'affectèrent jusqu'aux larmes.*

P. 140. Aujourd'hui tu feras divers projets qui feront place à d'autres; enthousiasmé de l'un d'iceux, tu regarderas derrière toi si l'on te voit passer; dans cet instant tu seras heurté, et de la boîte *Pandorique* sortira l'espérance dont les promesses illusoires causeront embarras et chûte d'une maison peu solide; mais il est autre oracle en ce jour qui ne regarde pas l'âme candide et de bonnes mœurs. Qui en ce jour répandra cruellement le sang de son semblable ne pourra soustraire le sien aux loix; il en est de même pour tous voleurs ou malfaiteurs.

Si aujourd'hui *tu vois ton pareil (s'entend un homme, car aux yeux du sage tous les hommes sont égaux), et que charitable amour t'oblige d'ensevelir ses défauts dans la nuit du silence,*

En avenir, *tu seras joyeux d'avoir détourné ta vue de ses méfaits; car il ne te sera fait nul reproche.*

En passé, *une parole, qui ne s'adressoit point à toi te frappa comme dite pour toi.*

JUILLET.

Q. 141. Aujourd'hui tu seras en table; qui fera taire les autres agira sagement; espion est aux aguets.

Si aujourd'hui *tu vois loups s'entre-manger,*

En avenir, *tu auras la faculté de mener ton troupeau à l'herbe.*

En passé, *un retard de nonchalance te fit végéter auprès du profit que tu négligeois.*

R. 142. Aujourd'hui te sera un embarras en l'esprit, qui néanmoins ne te portera nul préjudice. Par exemple, on te demandera si tel objet est à droite ou à gauche : t'orientant à ta manière, si tu penches d'abord pour la dextre, on te reprendra. Puis, te refaisant la même question, si tu inclines pour la senestre, on te relevera encore. Alors, après avoir réfléchi quelques instans, voyant que faute d'indication on t'a fait une question irrésolutive, tu seras forcé d'avouer que l'objet dit n'est ni à droite, ni à gauche. Mais toi, sois toujours au milieu de tes affaires pour les voir dans tous leurs points.

Si aujourd'hui *tu es admis pour médiateur, et que tu sois partisan de l'un,*

En avenir, *tu seras ennemi des deux parties.*

En passé, *tu ne fus pas ignorant à ton profit; mais qui fit semblant d'être aveugle, n'étoit pas seulement borgne.*

S. 143. Aujourd'hui diverses choses te sont

annoncées; terreur panique; adversaire lâche le pied; ne mets pas ta philosophie au néant; préviens une maladie, suivant ta pensée; si tu es dans le déclin, un infortuné te demande compte; si tu es en ton plein midi, suivant le cours ordinaire, réfléchis au passé, pense à l'avenir; mais si tu es encore dans la matinée de ton âge, prévois ceux du tantôt et du soir; ce jour t'est favorable et bon pour ce.

Si tu vois *brillant spectacle ou spectacle bruyant, et que tu aies bons yeux et bonnes oreilles*,

En avenir, *tu seras plus savant.*

En passé, *d'une scène tu ne revins pas trop content.*

T. 144. Aujourd'hui prisonnier, dors peu après l'aurore. Si P. et D. t'adviennent naturellement en la mémoire, fers d'eux-mêmes se rompront. O prisonnier innocent, ce jour te sera bon pour écrire à ton adversaire; et ce qui te sera plus salutaire, c'est d'avoir grande vénération pour ce symbole triangulaire que tu auras sur toi

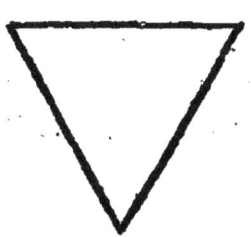

dans ta détresse. En suivant cette pratique, 21 de nombre ne se passeront pas sans que tu sois libre contre le gré de tous tes ennemis, et j'ose dire de toute la terre.

Si aujourd'hui *tu devises trop sur tes propres affaires,*

En avenir, *te sera repentir.*

En passé, *tu fus frappé et ne vis rien.*

U. 145. Aujourd'hui soupçon est bien fondé ; si tu dis oui, il est oui ; si tu dis non, il est non ; épie, et tu seras certain.

Si aujourd'hui *tu regardes belles armoiries et qu'elles te plaisent,*

En l'avenir, *sera aux tiennes bel accroissement.*

En passé, *tu vis un coupable trop puni, compensation faite avec la faute commise.*

V. 146. Aujourd'hui trois endroits distans de trois autres, tous trois séparés et n'en faisant qu'un pour un seul, en l'un d'eux te sera grande remarque qui pourra t'affecter, ou au moins te donner à parler ; j'ai dis trois, j'aurois pu dire quatre, et même compter jusqu'à sept ; si cela te semble aujourd'hui énigme, un jour y réfléchissant, cela te sera fort clair.

Si aujourd'hui *tu dis ne croire rien en la haute science, et le penses ainsi,*

En avenir, *cause grande te sera un sujet de trouble en l'esprit.*

En passé, *tu cherchas ce qui, selon toi, devoit te rendre heureux ; tu étois dans l'erreur.*

X. 147. Aujourd'hui il te sera parlé des pays étrangers ; tu apprendras une fuite ; fais l'énumération des effets qu'on pourroit t'emporter, comme papiers, argent, bijoux ; mets-les en ordre et à couvert, ce jour y est propice.

Si aujourd'hui, *ayant plusieurs enfans, tu donnes des marques de ta haine à l'un d'iceux, par pur caprice,*

En avenir, *les autres lui auront diverses obligations, même toi le premier.*

En passé, *tu te défendis, mais résistas peu.*

Y. 148. Aujourd'hui tu donneras à penser à plus grand que toi ; tu feras la rencontre d'un, qui a bien mérité sa position, et tu en feras aussi une autre ; tu pourras mépriser un reptile ; mais si tu le quittes de vue, il fera rejaillir sur toi son venin.

Si aujourd'hui *tu vois animaux suivis de leurs petits, je dis bêtes, non domestiques, mais toutes autres,*

En avenir, *te sera rendu service en ton méfait, ou avant, tu seras trop excusé.*

En passé, *tu fus puni de ton ostentation.*

Z. 149. Aujourd'hui tu auras pensée à l'aurore, crainte au midi, décision au couchant.

Si aujourd'hui *tu crois, ayant tristes pensées, que la mort est le seul remède à tes maux,*

En avenir, *ta vie te sera moins à charge; de tes inquiétudes tu auras consolation; tu seras forcé de regarder la vie comme un don divin, fort au-dessus de ce qui t'afflige.*

En passé, *tu fis grand projet; mais tu taxas quelqu'un de peu de hâte à le goûter.*

&. 150. Aujourd'hui il ne te sera pas utile de couper le nœud gordien, telle envie que tu en aies; mais bien plutôt cherche le moyen de le délier; réfléchis à m'entendre, le sens est très-facile.

Si aujourd'hui *tu te laisses machinalement entraîner,*

En avenir, *il te faudra réflexion et quitter divers points trop bruyans qui, au lieu d'instruire, égarent l'esprit.*

En passé, *tu souffris traverse par ton trop bon cœur.*

A. 151. Aujourd'hui gens éloignés parlent de toi; un retard agite tes esprits. Prépare-toi pour une bonne route.

Si aujourd'hui *tu ne te gardes du froid ou du chaud, je dis trop excessif,*

En avenir, *te sera mal d'avoir brûlé ou gelé; savoir comment.*

En passé, *tu fus remarqué par un déguisé.*

B. 152. Aujourd'hui, prêt à te reposer

6

JUILLET.

sur l'attente de l'amitié, il te faut encore avoir un autre point de vue; petite nouvelle, débat, changement, inquiétude, argent.

Si aujourd'hui *tu apprends maladie,*

En avenir, *il te faudra être sur tes gardes.*

En passé, *tu donnas sujet de rire de ta foiblesse.*

C. 153. Aujourd'hui l'image de la mort te sera représentée bien sinistre; ton humanité en souffrira; une maladie t'agitera; un air ne sera pas de ton goût : tu penseras au dehors, et sûrement à moi.

Si aujourd'hui *en ton esprit ou en celui d'un autre est indiscrétion,*

En avenir, *tu apprendras que la discrétion a changé de quartier.*

En passé *bien, aujourd'hui mal.*

AOUT UNIVERSEL.

Oui, c'est avec raison que l'homme se regarde comme le chef-d'œuvre de l'Être suprême. L'homme, dépouillé de sa partie matérielle et concentré, pour ainsi dire, dans sa substance spirituelle, se rapproche de son auteur. O homme ! que ton esprit ne s'applique donc qu'à de hautes connoissances, et tu mesureras l'étendue de la terre, la profondeur des mers; tu planeras dans les airs, et tu parcourras les cieux; mais surtout que ton âme ne se porte qu'à la bienveillance pour tes proches, à la sensibilité pour leurs peines, au respect pour leurs vertus, et plus encore à l'adoration de l'Éternel; et alors, par ces divins efforts, tu t'assimileras, si j'ose le dire, à l'Être merveilleux dont tu tiendras de si belles parties.

Août.

D. 154. Aujourd'hui tu pourras entendre altercation; les plus foulés n'auront pas le plus grand tort; ne change pas en ce jour; un fou continue ses projets.

Si aujourd'hui *tu vois fripon corriger l'Infortune*,

En avenir, *te sera défiance qui ne te servira de rien.*

En passé, *tu établis ton aisance sur la glace, le soleil y fut nuisible.*

E. 155. Aujourd'hui ton corps dans un endroit, ton esprit en un autre; si tu réfléchis à ce, tu y liras beaucoup; mais nulle crainte en ta grande pensée.

Si aujourd'hui *animaux en détruisent un autre,*

En avenir, *tu feras réflexion amère.*

En passé, *animal te fit mal.*

F. 156. Aujourd'hui voyage n'est pas toujours agréable; de nouvelles tu seras surpris; mais autres le seront autant que toi.

Si aujourd'hui *tu fais tirer l'anagramme de ton nom par savans en diverses langues,*

En avenir, *il t'adviendra diverses pensées; une surtout te sera bien utile.*

En passé, *te fut jalousie bien fondée; mais entre toi et moi, dis-moi, je te prie, si la jalousie, telle qu'elle soit, doit être capable d'asservir un homme?*

G. 157. Aujourd'hui les yeux de l'âme te seront plus utiles que ceux du corps; en ce jour tu verras une folie détruite par une autre.

Si aujourd'hui *tu lis de vieux auteurs, et que tu te rapproches des temps et des lieux,*

En avenir, *tu seras plus sciencé.*

AOÛT.

En passé, *la pensée d'un autre te déplut.*

H. 158. Aujourd'hui tu apprendras que l'on aura fait ton portrait sans crayons ni pinceaux, et qu'on aura jugé de toi par tes traits caractéristiques ; tes intérêts auront été mis à l'encan, il ne se sera trouvé nul acquéreur ; la seule crainte de perdre ou de manquer à gagner aura fait revenir sur la place un marchand artificieux ; un seul infortuné aura craint d'y mettre un sou, malgré sa bonne envie d'en faire l'achat, pour te le remettre.

Si aujourd'hui *tu remarques petit insecte fuyant le péril de la mort, ou se luttant contre elle,*

En avenir, *tu marcheras à pas comptés.*

En passé, *une bataille ne te satisfit pas.*

J. 159. Aujourd'hui dispute à contretemps ; doute sur une maladie bien gagnée ; songe au temps, et de plus, à ses accessoires.

Si aujourd'hui *tu es sans intelligence,*

En avenir, *tu ne seras plus le maître en ta maison.*

En passé, *tu fus noirci en un bal.*

K. 160. Aujourd'hui une des vingt-cinq lettres de l'alphabet te surprendra ; cette lettre est incluse en ton nom ; un menteur te dira une vérité, tu n'en voudras rien croire ; tu projeteras d'écrire, tu te hâteras lentement.

Si aujourd'hui *il est veille de Saint-Jean, et que tu sois à portée de cueillir herbes de fougère, coupe le maître brin en trois endroits, tel que l'on taille la vigne, et regarde sur les trois côtés coupés par en bas, avec un microscope : tu y verras choses qui t'étonneront en t'avertissant. A ton temps perdu, si tu te sers de microscope en tout ce qui s'offrira à tes regards, tu n'auras jamais perdu un instant,* il est des microscopes pour différentes vues.

En passé, *tu dédaignas un autre qui mieux valoit que toi.*

L. 161. Aujourd'hui tu voudras être instruit, tu ne le seras pas; ton ambition manque par labeur; je dis que tu ne l'emploies pas assez juste en temps.

Si aujourd'hui *tu étends ta réflexion sur les duellistes et les physiciens,*

En avenir, *tu remarqueras les révolutions des temps, ou émolumens de la science des nuages,* etc.

En passé, *tu juras après un homme portant robe.*

M. 162. Aujourd'hui te sera nouvelle intéressante, mais peu aimée, dans laquelle certain enchaînement ne tiendra pas; plusieurs jours se passeront dans les nuits; un cherchera à te dissiper, il en viendra peu à bout : amour ira, viendra. Demain nouvelle moins intéressante et plus flatteuse.

Si aujourd'hui *tu cours follement ou invites à courir les autres*,

En avenir, *une grande joie fera place à la tristesse.*

En passé, *tu perdis, et tu taxas de vol, ce qui ne fut effectif que lorsque tu n'y pensois plus.*

N. 163. Aujourd'hui tu seras disposé à protéger les arts; tu éleveras tes esprits au sublime; un cherchera le moyen de faire varier ta pensée; tu le rencontreras en te disant : L'homme qui est satisfait jouit de la vie. Tu lui répondras : De la vie animale, et non humaine, qui nous engage à passer de la volupté aux vrais plaisirs; tu auras en ce jour diverses belles pensées; tu en auras une neuve qui ne pourra t'être disputée si tu as le talent de la tracer.

Si aujourd'hui *tu es, le sachant ou ne le sachant pas, en butte à la satire*,

En avenir, *sur tes ennemis tu auras satisfaction.*

En passé, *tu eus une envie particulière.*

O. 164. Aujourd'hui ton esprit sera fort affecté de ce qui pour tout autre seroit une bluette qu'il dissiperoit en se frottant seulement les yeux. Je sais qu'il est des choses qui *poignent* l'âme; j'ai trop vécu pour ne l'avoir pas éprouvé; mais je me suis fait une étude de les effacer de ma mémoire, après les premiers instants; alors je me contente de les écrire sur un papier, que j'enfouis dans le porte-feuille secret de mes pensées; et je ne les en tire que lorsque la prudence exige que je me rappelle le passé, pour savoir me conduire en l'avenir. Si cela est aisé à dire, cela n'est pas non plus si difficile à faire; l'habitude devient nature, et la nature fait loi.

S'il est aujourd'hui *le 11 Août,*

En avenir, *tu seras compromis innocemment.*

En passé, *goût te fut incompatible avec tout autre; tu trouvas doux ce qui étoit amer, et amer ce qui étoit doux; tu badinas avec une hortie, tu en fus piqué.*

P. 165. Aujourd'hui tu vacilleras en pensée, tu succomberas en effet; un oubli te causera remords; et en ce jour écoute. Si tu n'as pas passé vingt-une années, un te dira: Si j'étois à votre âge, et que je susse ce que j'ai appris; tu lui répondras: Je sais tout ce qu'il faut que je sache. Oui, reprendra-t-il; mais il vous manque l'expérience, et c'est ce qui coûte le plus cher; car elle ne s'apprend pas aux écoles. Il te dira encore diverses choses que tu entendras bien, mais ne comprendras guère.

Si aujourd'hui *tu vois envieux remporter l'avantage sur toi,*

En avenir, *te sera prudente pensée pour*

les autres ; et pour toi sera aussi plus de tranquillité et de réserve.

En passé, *tu fus contraint de trahir ta pensée* ; je ne dis pas si tu fis bien ou mal ; car il est des positions gênantes.

Q. 166. Aujourd'hui si à midi tu n'as nul appétit, et que sommeil t'advienne, dors ; le songe que tu dois faire t'avertira de quelque chose ; qu'un sage te l'explique.

Si aujourd'hui *tu apprends trait d'humanité de la part d'un Grand*,

En avenir, *te sera sujet de joie imprévue.*

En passé, *un bruit excita ta curiosité.*

R. 167. Aujourd'hui te doit être spectacle bien agréable ; compte sur ton attente pour ce jour ou bientôt.

Si aujourd'hui *tu réfléchis à trois couleurs*,

En avenir, *une te servira utilement.*

En passé, *un homme de rien te fut nuisible, et une femme te trahit bien cruellement.*

S. 168. Aujourd'hui tu verras les avis partagés, un conseil méprisé ; ignorance reconnue ; la mort n'eut jamais tort.

Si aujourd'hui *tu vois un mort dépouillé dans sa tombe*,

En avenir, *un parquet te sera fatal.*

En passé, *tu fis réflexion à un abyme.*

T. 169. Aujourd'hui homme dégradant ta raison, tu gronderas ta femme ; crois-moi,

c'est par fois injustice et souvent inutilité.
On pourra apprivoiser un lion, on ne pourra
ôter le venin d'un serpent : et en ce jour
femme rira et pincera; et en ce même jour
tu critiqueras en la maison d'autrui ce que
l'on a honte de voir en la tienne; tu te mê-
leras de dicter une morale qu'il te seroit
bien mal aisé de suivre.

Si aujourd'hui *tu entends crier* haro *sur quelqu'un*,

En avenir, *n'étant pas instruit d'où dérive ce mot, il te sera expliqué, et aussitôt par écho tu répéteras* haro, haro.

En passé, *tu craignis que maladie ne tirât à conséquence.*

U. 170. Aujourd'hui avantage par contre-
coup; mais en seras-tu plus content? Non,
car tu croiras toujours qu'il manque quelque
chose à ton bonheur.

> J'ai lu dans le livre du monde
> Que, sur cette machine ronde,
> L'homme toujours désireux
> Ne sait jamais être heureux.

Si aujourd'hui *tu vois grande et belle bi-
bliothèque, tu devineras, sans attendre beaucoup, que celui à qui elle appartient n'a pas
tout lu; mais*,

En avenir, *celui-ci te dira que cela est
vrai; que c'est cependant pour avoir parcouru*

bien des livres qu'il sait qu'en iceux se trouve beaucoup de fatras ; qu'il croit que mon ZODIAQUE est du nombre. Sur quoi tu prendras ma défense, ayant toujours vu l'événement justifier mes prédictions.

En passé, *un parent dupa ta bonne foi.*

V. 171. Aujourd'hui différens sentimens ; idée sur la vengeance ; un supérieur en oubli ; promesse non effectuée.

Si aujourd'hui *tu aperçois ton parent te faisant tort sans pouvoir mot dire,*

En avenir, *tiens pour certain que tu seras encore obligé de lui en donner par humanité.*

En passé, *tu appelas le plus sage des autres, fou.*

X. 172. Aujourd'hui différentes réflexions sur la vie humaine ; un sujet de chagrin ; tu te nommeras sauvage ; mais comme toi il en est bien d'autres ; et en ce jour tu entendras parler d'un monstre. D'un autre côté tu seras outré d'indignation contre un qui manquera généralement à tout, sans excepter les hommes, lui-même et les Dieux, et encore osera-t-il raconter son infamie ; mais tu lui pourras prédire le commencement de sa chute, s'il t'en parle en ce jour.

Si aujourd'hui *tu vois cause de haute et puissante science, que toutes les facultés de ton âme soient suspendues par ravissement de contemplation ; revenu de cette douce extase,*

En avenir, *tu ne pourras jamais la décrire, et tu seras forcé de te récrier, non sur les merveilles de la nature, mais sur la puissance infinie de l'Être incompréhensible qui les opère.*

En passé, *une maladie fut pour toi une terrible remarque.*

Y. 173. Aujourd'hui mortalité changera bien des choses; le défunt méprisé; voix unanime; ne fais pas folle démarche.

Si aujourd'hui *tout-à-coup un bruit vient frapper tes esprits,*

En avenir, *une anse, un oiseau ou un cri, te renversera.*

En passé, *tu fus la dupe de ton amour.*

Z. 174. Aujourd'hui tu peseras ta réponse à une question, ou du moins tu la dois peser; ton esprit se repose sur une vaine espérance; une idée prochaine te sera propice.

Si aujourd'hui *il t'est grande et bonne espérance en ton projet, de telle nature qu'il soit, et que tu y sois solidement attaché jusqu'à la fin,*

En avenir, *te sera très-bonne réussite; mais il faudra refondre quelque chose pour en ôter ce qui pourroit être vain.*

En passé, *si tu eusses su, tu aurais eu.*

&. 175. Aujourd'hui victoire; tu sauras pourquoi et pour qui; et en ce jour tu verras quelqu'un, qui sait beaucoup, chercher à s'instruire, et un ignorant dire tout savoir,

Août.

s'ignorant lui-même ; mais en ce jour informe-toi si rien n'est perdu.

Si aujourd'hui *tu aperçois que le mal ne vient pas de la blessure, mais d'une autre cause en traitant des deux causes séparées, tu auras,*

En avenir, *prompte et parfaite guérison.*

En passé, *te fut brûlure ou coupure bien sensible.*

A. 176. Aujourd'hui brouillé avec l'argent, raisonnement spécieux qui ne conduit à rien ; apprête-toi à répondre juste.

Si aujourd'hui *tu entreprends de bâtir sur l'eau,*

En avenir, *crains d'entendre dire que tu négligeas trop le pilotis.*

En passé, *tu pris A pour B ; le dernier valoit mieux que le premier.*

B. 177. Aujourd'hui si tu te trouves en grand travail étant solitaire, tu feras mentir un mal avisé ; et en ce jour, prends garde à n'être pas dupe de ta bonne foi, mais juge sainement ; papier pour toi, campagne en l'esprit.

Si aujourd'hui *la première chose qui frappe ta vue te fait soupirer,*

En avenir, *la pratique des bonnes mœurs te fera goûter suave tranquillité.*

En passé, *LAïs te rendit BONNEAU.*

C. 178. Aujourd'hui tu seras porté à demander quand bien éloigné reparoîtra ; et sans être au barreau, nous donnera des lois? Si tu le demandes, tu seras taxé de n'être point le souscripteur des gazettes et des journaux, et regardé comme homme peu curieux d'entendre et de rien savoir.

Si aujourd'hui *tu te rallies avec tes ennemis,*

En avenir, *ensemble ferez grand et bon ouvrage.*

En passé, *tes plaintes étoient peu légitimes, néanmoins la punition excéda la faute.*

D. 179. Aujourd'hui sera événement risible, mais pas pour tous; projet en végétation; à demande indiscrète sera répondu plus indiscrètement.

Si aujourd'hui *tu vois un flux et reflux, et que tu t'avises d'avancer trop près pour te ouer avec lui ou le heurter,*

En avenir, *sera peu fait mention de toi; oubli pour beaucoup.*

En passé, *ayant remarqué que la paresse étoit presque toujours la compagne de la misère, tu pensas que la misère rendoit paresseux; reviens de ton erreur; c'est la paresse qui cause la misère; crois-m'en.*

E. 180. Aujourd'hui amour tentera et aura bonne issue; et en ce jour tu appelleras un homme fou ou hébété qui, s'il étoit en lutte avec toi, te feroit penser le contraire. Ce n'est pas toujours assez d'entendre parler un homme, ni même de le fréquenter, pour juger sainement qu'il a peu d'esprit; il faut encore l'inviter à ne point celer ses lumières. Certain sage fut taxé de folie ou de peu de jugement par des ignorans auxquels il dédaigna de répondre.

Un savant commande un vêtement; l'ouvrier souvent a la sottise de rapporter que cet homme ne se connoît pas en étoffe, qu'il fait des questions ridicules, et n'a qu'un jargon inintelligible. C'est ainsi qu'un homme déplacé, et qui n'a pas la faculté de faire briller les lumières de son esprit, est taxé de stupidité dans le cercle des ignorans, et vérifie cet ancien proverbe : *Spargere margaritas ante porcos.*

Si aujourd'hui *tu remarques grand flegme dans un homme qui auroit sujet d'être agité,*

En avenir, *juge souverainement que cet homme peut te donner conseil dans une position critique.*

En passé, *te fut donné grand conseil pour ta santé par un malade; le remède étoit bon.*

F. 181. Aujourd'hui tu verras gens à fuir; tu auras appris d'un autre un rien qui t'étonnera; tu auras envie d'une chose inutile et d'une autre peu licite, mais avec la raison tu pareras à ces honteuses pensées.

Si aujourd'hui *t'advient enfant,*

En avenir, *il sera plus grand que toi.*

En passé, *le seul hasard te procura un ami honnête. Le moyen d'être le sien, c'est de te mettre à sa place ; je ne dis pas de prendre la sienne, car il en est beaucoup qui agissent ainsi.*

G. 182. Aujourd'hui changement mal combiné; où l'un gagne l'autre perd; conseil de peu de secours; la chute d'un menace d'entraîner la tienne.

Si aujourd'hui *tu vois infortuné se nourrir des débris perdus de l'abondance,*

En avenir, *te sera amertume.*

En passé, *sur toi courut le bruit d'un argent mal acquis.*

H. 183. Aujourd'hui sera effectué un songe et non pas un rêve; tu puniras un moraliste par un reproche véritable; tu apprendras qu'il y a long-temps qu'il mérite mercuriale, mais que cela ne sert à rien.

Si aujourd'hui *montagne te semble rapide à descendre,*

En avenir, *tu feras tout pour regrimper, sans penser à ce qu'il t'en a coûté pour dévaler. Je ne dis pas si tu feras bien ou mal, la réflexion t'en avertira.*

En passé, *tu vis un parent à toi inconnu, et tu lui parlas.*

J. 184. Aujourd'hui en ton état sois laborieux, satisfaction t'en adviendra, outre le profit qui revient au vigilant; s'il n'est nulle occupation en ce jour pour toi, dommage; et en ce jour, si tu écris une lettre d'honnêteté à un inconnu, il te sera répondu bien amiablement.

Si aujourd'hui *tu gardes un grand secret,*
En avenir, *te sera héritage indirect.*

En passé, *tu eus juste crainte en mauvaises choses, mais qui ne te furent pas dommageables.*

SEPTEMBRE UNIVERSEL.

Tout est l'ouvrage de l'Être suprême; tout est bien. La faim, ce besoin renaissant, cette vicissitude de la vie, est le ressort mouvant de la société, et la chaîne qui lie tous les hommes. C'est pour la satisfaire ou pour la prévenir, que l'ouvrier s'exerce, que l'artiste s'évertue, que le laboureur se roidit sur la charrue, que le marchand franchit les dangers des mers, et que le savant même pâlit sur les livres. C'est elle qui les excite tous à faire du fruit de leurs travaux un tribut *quotidien* qu'ils offrent à l'opulence et à la noblesse. Enfin le sage cabaliste, élevé par sa haute science jusqu'à la voûte azurée, comme un autre *Micromégas*[*], semble voir la faim faire aller, venir, porter, traîner, sortir et rentrer tous les habitans de la fourmillière humaine.

Septembre.

K. 185. Aujourd'hui tu apprendras la punition d'un mauvais sujet; tu entendras un bon cœur qui aura mauvaise langue. Le ha-

---

[*] Nom d'un Roman de Voltaire.

SEPTEMBRE.

sard pourra faire que ce soit un homme ; mais la nature veut que ce soit une femme.

Si aujourd'hui *tu entends usurier débiter morale relative à usure*,

En avenir, *tu seras surprise et joie, par rapport à lui ; tu apprendras que sa morale, son état et son habit ne le garantissoient point de méfaire ; de tels gens sont nuisibles aux hommes, et en horreur aux dieux.*

En passé, *tu évitas mortalité, et n'en sus rien.*

L. 186. Aujourd'hui le bien qu'on aura acheté profitera au double ; la nuit en intrigues sera trop éclairée ; les murs ne sont pas partout de même épaisseur ; fausse porte, défie-t'en.

Si aujourd'hui *il t'arrive une remarque que je ne puis tracer, quoique je la sache,*

En avenir, *tu verras un bout de ville prendre le chemin du milieu.*

En passé, *tu espérois de jour en jour.*

M. 189. Aujourd'hui sois sincère en paroles à un magistrat ; s'il ne te donne audience, plains-toi haut, tu seras satisfait.

Si aujourd'hui *tu résistes à un penchant au mal*,

En avenir, *te sera longue maladie de moins.*

En passé, *un de tes parens fut puni ; je ne t'explique pas la punition.*

N. 188. Aujourd'hui est bon à prendre éclaircissement en tout ; et en ce jour l'enfant qui naîtra sera bien de la mère ; mais....

Si aujourd'hui *tu vois animaux fraîchement tués ; qu'étant ouverts, sang ou derniers esprits vitaux se meuvent sur la droite avec grande chaleur,*

En avenir, *gain sera en bataille ; ceci est science artificielle de nos anciens,* etc.

En passé, *tu voulus combattre en lice, mais la barrière te fut fermée.*

O. 189. Aujourd'hui fais-toi désirer, mais non attendre ; et en ce jour qui te fera morfondre en l'attendant te fournira occasion de lui donner le change.

Si aujourd'hui *il te vient remerciement d'avoir soulagé l'innocent ou le coupable qui a expié sa faute,*

En avenir, *d'un bonheur qu'aujourd'hui tu ne recherches ni ne demandes, ni ne crois pas possible, t'adviendra chose qui te surprendra grandement ; s'il ne t'advient après au-dessus de ton espoir, fais mépris de moi ; mais songe avant, que de tomber d'une tour en bas et se bien porter après, est un bonheur,* etc. etc.

En passé, *tu ne fus pas d'accord à payer la taxe.*

P. 190. Aujourd'hui n'est nullement bon à la lutte. Il n'en resteroit que la fable des Plaideurs, chacun une coquille.

SEPTEMBRE.

Si aujourd'hui *entêtement mal à propos contre toi t'est remarquable*,

En avenir, *te sera demandé grâce*.

En passé, *tu fis une perte que tu ressens encore*.

Q. 191. Aujourd'hui propose une trève, car la paix ne peut tenir; papier qui aura beaucoup coûté ne servira à rien.

Si aujourd'hui, *pour suivre le conseil d'un grand homme, tu ne dors point la nuit*,

En avenir, *comme lui tu seras traité de fou en ce sujet*.

En passé, *tu te désespéras sur ce dont aujourd'hui tu rirois, et ce t'est une remarque que l'homme est souvent peu expérimenté en la chose momentanée*.

R. 192. Aujourd'hui nouveau sujet d'inquiétude; telle est la vie de l'homme, qui souvent, par sa propre faute, meurt sans avoir vécu; où l'un commande trop haut, l'autre obéit trop bas; le sentier de la vie ne t'est pas encore connu, réfléchis.

Si aujourd'hui *tu juges t'être trompé en ta pensée, et que cela t'ait porté à être surpris de ta méprise*,

En avenir, *en autre sujet tu reviendras de ton erreur*.

En passé, *la force te manqua pour punir qui le méritoit*.

S. 193. Aujourd'hui s'il se présente un

projet, réussite t'est certaine ; je sais qu'il te surviendra obstacle ; mais tiens ferme.

Si aujourd'hui *il est 9 décembre*,

En avenir, *tu feras cette réflexion, que, par une habitude contractée et par confiance, tu es toujours la dupe d'un qui te trompe impunément.*

En passé, *tu fus rassasié sans manger.*

T. 194. Aujourd'hui retarde ton voyage, si tu es à la campagne, il y a ennui ; s'il n'est nulle question de campagne, avant peu sujet d'une.

Si aujourd'hui *tu es prié d'être favorable, et que tu le sais*,

En avenir, *de jour en jour te sera récompense proportionnée.*

En passé, *tu sifflas ; mais l'on hua ton sifflet, ou plutôt ton mauvais jugement.*

U. 195. Aujourd'hui est à tout propice pour augmenter en amitié estime, la campagne de son chef, l'enfant de ses parens, le pauvre du riche, le petit du grand, le grand de son souverain, le souverain de son peuple ; fais-toi remarquer en bien, suivant ton rang.

Si aujourd'hui *il est premier de l'an universel.*

En avenir, *tu seras successivement anéanti et relevé par le caprice ; la raison humaine dans les deux n'y sera pour rien.*

SEPTEMBRE.

En passé, tu n'aperçus pas un fin matois qui te fit par plaisanterie dire oui et non dans le même sujet.

V. 166. Aujourd'hui une femme piquée te porte préjudice; engagement se rompra; nouvelle importante; cerf aux abois.

Si aujourd'hui tu prêtes l'oreille attentivement à chanson,

En avenir, sera pour toi le refrain.

En passé, tu contrôlas une figure dont mal t'advint.

X. 197. Aujourd'hui un retard dans ta pensée; mais espère encore; autre sujet chimérique; infortuné, prends courage; avant peu, te sera dénouement; mais ne suis pas le vieux chemin, prends le neuf.

Si aujourd'hui autre, en te montrant, te jette regard noir,

En avenir, te sera dommage: s'il te jette regard joyeux, te sera profit.

En passé, pour faire parade, il ne te manquoit que la pratique de celui qui fait aller le polichinel.

Y. 198. Aujourd'hui sera guerre, et tu en auras juste sujet; si tu sais te maintenir ferme et courageux, ennemi tombera en tes embuscades.

Si aujourd'hui il est le trente-cinquième jour de l'an universel,

En avenir, *tu diras bien souvent : J'ai manqué ma fortune.*

En passé, *un compliment ne fut pas de ton goût, quoiqu'il fût fort honnête.*

Z. 199. Aujourd'hui rumeur en ta maison ; voisin bavard, domestique indiscret ; ne tente personne ; tu donnes trop en gros ce que tu cherches à économiser ; il faut un milieu.

Si aujourd'hui *tu vois deux herbes à fleurs simples, ou arbres sympathiser amoureusement,*

En avenir, *tu guériras d'un mal désespéré.*

En passé, *tu ne voulus pas profiter d'un avis métaphorique.*

&. 200. Aujourd'hui un certain plus ridicule que toi, te fera rire de tes propres ridicules. Il te dira choses désobligeantes : chacun s'égaie en se montrant au doigt. Se plaindre mutuellement seroit plus sage.

Si aujourd'hui *tu fais passer modique marchandise,*

En avenir, *te sera dit qu'elle est bonne ; mais tu n'auras pas d'argent.*

En passé, *tu fis un crédit dont il ne te fut pas tenu compte...*

A. 201. Aujourd'hui de papier si tu espères nouvelle, tu seras satisfait ; je dis si en ce jour tu reçois nouvelle ; si tu n'en espères point, il t'en sera une qui ne te surprendra nullement quant à la teneur.

Si aujourd'hui, étant en religion ou autrement, tu fais trébucher l'innocent, et que tu te targues de ce honteux avantage,

En avenir, grands cris aigus et douleur en les vingt-quatre heures précéderont ta fin.

En passé, *tu fus estimé d'avoir soutenu chose raisonnable.*

B. 202. Aujourd'hui point agité, savant décline; art au couchant, esprit est au mal.

Si aujourd'hui *tu réponds à amour de gens que je ne dois pas désigner,*

En avenir, *trois fois tu marcheras sur ton tombeau, et en auras frémissement.*

En passé, *tu fis une faute, mais tu ne pus t'en dispenser.*

C. 203. Aujourd'hui grande remarque dans le mot commencement : prends trois lettres, lesquelles seront les premières de trois mots; tu pourras y ajouter une quatrième lettre, si tu ne prends qu'un mot en icelui : tu trouveras le résultat de ton entreprise. Esprit aux aguets, esprit dans l'équilibre.

Si aujourd'hui *tu remarques objet en feux,*

En avenir, *te sera éclaircissement et douleurs ensuite.*

En passé, *tu ressentis une joie dont la cause t'étoit inconnue.*

D. 204. Aujourd'hui si tu es avare, tu

perdras ; si tu es prodigue, tu perdras encore ; consulte l'occasion.

Si aujourd'hui de maladie tu as nouvelle,

En avenir, augure mortalité. Sois sage, ne crains pas pour toi.

En passé, de deux partis semblables tu ne pus choisir le bon, quoiqu'obligé d'en prendre un.

E. 205. Aujourd'hui mets la lumière à gauche, et regarde à droite ; nuance de couleur t'est bonne, sois discret.

Si aujourd'hui est dimanche, veille de la plus grande fête, et que de grand matin tu sois levé pour méfaire ;

En avenir, il te sera fait tort en ton revenu le plus injustement qu'il soit possible, et sans que tu aies un seul mot à dire haut.

En passé, tu voulus prévenir un méchant, mais tes soins furent infructueux.

E. 206. Aujourd'hui je sais que tu as sujet d'avoir l'esprit occupé ; mais avant peu sera en tes esprits un autre système.

Si aujourd'hui tu es reconnu n'avoir eu que vices ou défauts dans tout le cours de ta vie.

En avenir, sur tes vieux jours tu seras maussade à tout le monde.

En passé, tu fis une réflexion singulière : Quoi ! te dis-tu, cet homme qui eût dû ci-devant obéir à mes ordres, sans oser s'y soustraire, m'impose aujourd'hui des lois que je suis contraint de subir.

G. 207. Aujourd'hui si tu veux demeurer solitaire, repais ton imagination des ridicules d'une femelette à prétention; imagine la voir pincer ses lèvres, jouer de la prunelle et parler en minaudant; crois l'entendre juger, *ab hoc et ab hac*, des ouvrages d'un savant, des travaux d'un artiste, et frônder impudemment leur mérite par un rire ironique ou une pointe stupide. Cherchant alors à analyser cette caillette, tu ne trouveras en elle que du vent au lieu d'esprit, un masque au lieu de figure, et des ressorts mécaniques au lieu d'organisation naturelle.

Si aujourd'hui il t'est sujet de joie pure, connue à peine de la centième partie des mortels,

En avenir, en telle affliction qui te surviendra, tu auras une juste et bonne consolation.

En passé, tu comptais beaucoup sur la constance, mais elle ne dura pas.

H. 208. Aujourd'hui tu seras l'espion de toi-même; tes paroles, tes démarches seront à contre-temps, si tu n'y fais grande attention.

Si aujourd'hui tu cries sans sujet, par humeur méchante et accoutumée ou délire bachique, contre quelqu'un,

En avenir, la personne te portera dommage direct ou indirect, sans que tu puisses l'éviter.

En passé, diverses routes s'offrirent ; tu voulus les suivre toutes à la fois ; tu fis mal de tenter l'impossible.

J. 209. Aujourd'hui un envoyé te surprendra ; mais peut-être croiras-tu qu'il est venu de son chef ; et en ce jour sera négligence, tu sauras de qui.

Si aujourd'hui *il te semble maison mal bâtie ou bâtie à mal,*

En avenir, *tes simples paroles seront coups destructifs qui la feront écrouler et anéantir.*

En passé, tu fus indécis sur le choix de la campagne et de la ville.

K. 210. Aujourd'hui contraste ; tu étendras ta réflexion sur un *marchand de pain et un faiseur de vins* ; et en ce jour t'adviendra cette remarque, que de beaucoup de prétendus bons remèdes à un mal, pas un ne sera secourable, et qu'un seul salutaire sera en oubli, s'il n'est pas méprisé ; tu entendras parler de prostitution ; jour de tristesse pour les infortunés.

Si aujourd'hui *animal foible vient déposer sa crainte en ton sein, et que tu n'aies jamais vu cet animal,*

En avenir, *tu deviendras plus puissant en haut rang, honneur ou titre, tel qu'il soit.*

En passé, tu fis une faute et fus bien embarrassé pour la corriger.

L. 211. Aujourd'hui tu ne pourras manger ton labeur sans en faire part au loup; l'impie viendra en ta maison; ne sacrifie pas aux idoles.

Si aujourd'hui *est grand trouble en pensant à méfaire,*

En avenir, *crois qu'il sera sujet à remarque.*

En passé, *tu eus trop bon cœur, et eus trop de franchise.*

M. 212. Aujourd'hui inconstance; méfie-toi; l'on trame pour te nuire; si tu dis : Je ne crains rien, avant peu tu auras peur de ton ombre.

Si aujourd'hui *tu vois papillon se brûler à lumière quelconque,*

En avenir, *te croyant vainqueur, tu seras vaincu; te croyant vaincu, tu seras vainqueur.*

En passé, *tu aurois dû réfléchir que les dons de la fortune ne sont souvent que coups du hasard.*

N. 213. Aujourd'hui lien sans grande joie; femme, ne fais pas la délicate; homme, chasse la mélancolie; maladie en ce jour est pour beaucoup en l'esprit, ou vient d'icelui.

Si aujourd'hui, *ayant cent connoissances ou amis, tu te les rappelles, et que tu ne saches chez lesquels tu dois aller mésuser du temps,*

En avenir, *en grande affaire tu peseras et jugeras sainement : en ceci est matière à réflexion.*

En passé, *tu fis tout pour inviter un homme*

d bien faire ; mais tu ne gagnas rien sur son esprit.

O. 214. Aujourd'hui tempérance en ton jugement ; raffermis tes esprits, nulle affaire en papier, bâtard en jeu.

Si aujourd'hui il est cinquantième jour de ton Zodiaque, suivant ton dernier débat, et que tu voies au-dessus de ta tête chose surprenante et qui t'alarme,

En avenir, d'une mortalité ou d'un trépassement du corps mal satisfait.

En passé, tu fis de prudentes réflexions, mais tu ne t'y arrêtes point.

OCTOBRE UNIVERSEL.

Chacun élève un temple à la Déité qu'il adore, et chacun lui rend hommage à sa manière; les vœux passionnés de celui-ci sont les feux qu'il allume sur son autel; un autre se plaît à la parer des plus riches dons; un dernier enfin n'y sacrifie que de l'or: mais si la Déesse sourit à leurs offrandes et exauce leurs prières, leur ferveur disparoît, et l'autel et le temple s'évanouissent comme une vapeur.

OCTOBRE.

P. 215. Aujourd'hui nulle superstition en cherchant du faux dans le vrai, ou du vrai dans le faux; et en mon ZODIAQUE, sois toujours sur tes gardes. Etteilla ne peut sortir de lui-même; mais en ce moment, il te dit que pour voir il faut lever les yeux, ou plutôt les fermer pour ta tranquillité.

Si aujourd'hui ce cet ennemi depuis longtemps qui te méfait, c'est par cause antipathique, mais artificielle; et ce est grande science dont je pourrai te parler, t'enseignant à remédier à l'antipathie nuisible, et à s'approprier la sympathie favorable, tant pour

Octobre.

écarter les méchans que pour t'attirer les bons. *En ceci rien que de naturel : en ton esprit, en ton cœur, sont les moyens de l'un et de l'autre.*

En passé, *tes jeux de mots, ton ton imposant ou méprisant, ne firent nul effet sur un autre.*

Q. 216. Aujourd'hui homme et femme te seront en remarque ; en tous deux sujets de réflexions, l'une plus grande que l'autre.

Si aujourd'hui, *en un grand jardin, tu es invité au mal,*

En avenir, *tu penseras au maître du jardin, mais plus à la cupidité de ses valets.*

En passé, *tu crus avoir trouvé le plan de ta fortune ; mais cela ne te servit qu'à te faire passer pour homme à projet.*

R. 217. Aujourd'hui chemin à monter est bon à entreprendre ; au sommet tu te reposeras ; l'action de descendre n'est pas un crime, si tes esprits sont à bien.

Si aujourd'hui *tu es dans ta vingt-unième année, et que la prudence dirige tes pensées et tes démarches vers l'ambition des richesses,*

En avenir, *tu feras une fortune brillante, suivant ton état ; ressouviens-t'en.*

En passé, *tu remarquas qu'où les hommes perdoient l'idée des distinctions de rangs, et se croyoient au comble du bonheur ; c'étoit dans le ravissement amoureux.*

S. 218. Aujourd'hui attente est en ton esprit; nouvelle avant peu; un événement occupera ta pensée; il y a beaucoup à dire et beaucoup à remontrer.

Si aujourd'hui *tu vois homme qui amuse les foibles et les enfans, et que tu t'y arrêtes,*

En avenir, *deux questions t'agiteront; une te regardera personnellement.*

En passé, *tu admiras les dehors d'un bâtiment, mais tu méprisas le dedans.*

T. 219. Aujourd'hui sur chose dont te sera parlé, tu t'égareras, tu t'oublieras; demain tu dois attendre; et en ce jour remarque sur infidélité.

Si aujourd'hui *tu vois tempête qui porte obstacle à tes désirs,*

En avenir, *t'adviendra crainte dont tu auras peine à te rassurer.*

En passé, *tu demandois pourquoi un auteur avoit donné une seconde édition? Remarque que je suis bien éloigné de penser à un livre.*

U. 220. Aujourd'hui argent tardif à venir; et en ce jour renoue avec ancien ami, s'il ne t'a pas trahi.

Si aujourd'hui *tu demandes conseil et que tu agisses à ta guise,*

En avenir, *tu remarqueras qu'il étoit inutile de te lever si matin.*

En passé, *on t'annonça chose agréable; mais ta satisfaction à ce sujet est évanouie.*

V. 221. Aujourd'hui à qui mal te voudra,

mal adviendra avant l'an. Après patience, science viendra; n'en veux à personne, petit événement.

Si aujourd'hui *tu entends agréable symphonie,*

En avenir, *le cri d'un nouveau venu, mâle de sexe, te rejouira.*

En passé, *tu t'ennuyois dans la solitude.*

X. 222. Aujourd'hui écoute, ceci est en la haute science; si en ce jour tu as trente-trois ans juste, ou trois mois, ou trois semaines, ou trois jours, ou trois heures avec, et qu'en cette journée choses sublimes occupent tes pensées, tu vivras moitié du nombre qui te parle, et fait cent onze; mais il faudra que dans le reste de ta vie tu suives et pratiques la pensée sublime qui te sera advenue; preuve est en nos jours par science qui m'a été confiée, et encore cejourd'hui tout ce qui te passera en l'esprit sera sujet à consultation; mais choisis un conseil éclairé, et non pas un confident flatteur.

Si aujourd'hui *tu tombes malade, examine bien la cause et le cours de ta maladie.*

En avenir, *tu pourras être ton médecin toi-même.*

En passé, *tu remarquas qu'un infortuné l'étoit moins dans une grande ville qu'à la campagne,* 1°. *en ce qu'il avoit plus de res-*

OCTOBRE.

source pour *la vie;* 2°. *en ce qu'il pouvoit mieux se soustraire à ses ennemis;* mais tu ne pensois pas que la haine de ceux-ci nous ressusciteroit pour avoir le plaisir de nous redonner la mort.

Y. 223. Aujourd'hui défie-toi de la séduction d'un beau paroli; bavardise publique; passion cause inquiétude.

Si aujourd'hui *tu condamnes l'inquisition,*

En avenir, *crains toi-même d'être inquisiteur.*

En passé, *te vint une grande pensée qui renaîtra en toi; elle regarde un certain combat.*

Z. 224. Aujourd'hui vois amis et ennemis, parle-leur, si tu peux, de ce qui t'affecte à leur sujet; et toi qui aspire à honneur, entreprends aujourd'hui, et tu m'en sauras gré; jaloux peu satisfait.

Si aujourd'hui *sang te tombe du nez,*

En avenir, *te sera remarque en volerie.*

En passé, *sur le maintien tu jugeas bien des mœurs et des sentimens de la personne.*

&. 225. Aujourd'hui si tu te querelles avec un égal, un inférieur vous méprisera tous deux; la nouvelle que tu croiras telle ne sera pas du jour.

Si aujourd'hui *tu vois qu'en société soit grand parlementage,*

En avenir, *tu seras trop instruit.*

En passé, *tu te disois : Quel est le résultat de toutes ces grandes choses?*

A. 226. Aujourd'hui garde-toi de t'en rapporter à qui t'a déjà trompé ; et en ce même jour, si tu es à la merci d'un mauvais sujet, qu'il trouble la paix dont tu jouis, dix autres, plus méchans que lui, s'empresseront de t'écraser et de t'anéantir, s'il leur est possible ; mais s'ils te portent les premiers coups en ce jour, pacifie sans user de vengeance ; en l'an et six mois tu verras grêle de maux accablans fondre sur eux, et au fort de leur affliction ils s'écrieront : Il faut que celui-ci soit protégé d'en haut ; car nos traits se sont émoussés contre lui, et sa prospérité a suivi notre défaite.

Si aujourd'hui *tu lis pieux livre en ta foi, ou entends pieux raisonnement,*

En avenir, *tu mourras sans nul trouble, agitation ni souffrance.*

En passé, *tu fus outré d'indignation avec grande justice, contre une mère marâtre qui contraignit sa fille à s'ensevelir vivante, crime odieux qui révolte la nature et outrage la divinité même.*

B. 227. Aujourd'hui ta recherche n'est pas vaine ; mais elle te conduira à apprendre chose qui ne te fera pas plaisir ; et en ce jour en tes esprits doit être grande surprise.

Si aujourd'hui *tu vois ou entends grande et*

belle chose en la haute et puissante science,

En avenir, sera prolongation de tes jours, bien favorable pour toi et les autres.

En passé, *tu te disois* : Si chaque novateur utile jouissoit pendant sa vie du fruit de son labeur, les gens les plus dignes d'avoir un bien-être seroient moins sujets à périr langoureusement dans les pays ingrats que leur génie honore.

C. 228. Aujourd'hui époux, si lien est rompu, fais tout pour renouer; d'ici à un an ne sera plus temps, et sera grand tourment pour qui ne l'aura pas fait; mais si lien est affoibli par éloignement, écris avec douceur; ne te sera fait nul dommage, vu l'impossibilité. En tout ceci fait remarque attentive, confie-la à un autre, et ne t'en ris qu'après la première minute de ton an révolu.

Si aujourd'hui *tu as un ou plusieurs enfans et que tu te dises à part toi* : Qui nourrira ceux qui pourroient venir? cela n'est pas bien ; car si ton père en eût dit autant, tu ne pourrois peut-être tenir tel langage, qui est inhumain; en t'y obstinant, l'enfant que tu as te causera grande douleur; mais si aujourd'hui tu penses différemment, et qu'il t'advienne enfant,

En avenir, tes enfans seront rejetons qui embelliront leur souche. Ils lui communiqueront de leur subsistance, et ce rafraîchissement salutaire reverdira ses rameaux desséchés.

En passé, *tu te moquas de l'amour ; mais il eut ou aura son tour.*

D. 229. Aujourd'hui grand apprêt où tu seras intéressé ; un vrai ami te donnera mauvais conseil sans le vouloir ; mais ne lui en veux pas avant de réfléchir.

Si aujourd'hui *d'un peu de pain, de beurre salé et d'eau bouillie, tu fais ton seul repas, ne pouvant mieux faire,*

En avenir, *qui sera dans peu, tu auras consolation en ta pensée ; sois sage en ceci.*

En passé, *tu eus tort de juger mal sur un homme qui n'existoit plus, en l'accusant d'être réprouvé.*

E. 230. Aujourd'hui si quelqu'un use injustement de tyrannie envers toi ou les tiens, au premier vin il se tyrannisera lui-même. Maladie pour beaucoup ; si tu y trempes, à toi sera dommage ; car en te disant : Je profite, la roue revirera sur toi-même, de telle sorte que tu en seras plus écrasé que les autres. Ne doute nullement de mon dire, car je te jure sur la haute science n'avoir jamais menti ; et en ce que tu le croirois, tu m'aurois mal lu ou mal entendu.

Si aujourd'hui *tu es bon politique, je dis bon et humain en même temps,*

En avenir, *tu remporteras victoire en ta pensée.*

En passé, *tu hésitas à prendre un homme de bien pour ton ami, et tu te laissas entraîner sur-le-champ à l'amitié d'un mauvais sujet.*

F. 231. Aujourd'hui tu entendras parler d'un devin; si tu joues, ries ou satirises plus haut que ton esprit, demain tu seras chagrin; ne t'obstine en nulle chose; de toi à moi, demain éclaircissement.

Si aujourd'hui *tu vois homme dire savoir sans en donner preuve certaine,*

En avenir, *tu te garderas de rien croire en ce qu'il t'aura dit.*

En passé, *tu ne pus t'empêcher de dire : Je sais que mourir est une loi; quant à moi je ne m'en plains pas ; mais un homme tel que *** ne devroit-il pas vivre éternellement? et celui dont tu souhaitois l'immortalité préféroit de mourir suivant cette loi.*

G. 232. Aujourd'hui si tu attends et desires enfans, tu en auras nouvelle, et nouvelle d'ami ne tardera pas à t'être donnée.

Si aujourd'hui *présent de portrait va ou vient, celui qui le recevra,*

En avenir, *ne pourra jamais oublier l'autre ; il faut qu'il soit ressemblant et monté proprement sur monture d'acier uni.*

En passé, *tu eus tort de ne point aller visiter un prisonnier; une conversation ensemble vous eût rendus satisfaits l'un et l'autre, lui en sa liberté, toi en un secret que tu ignores encore.*

H. 233. Aujourd'hui petite vue en projet; mais sois donc plus constant, car tu ne sais que varier: ton instabilité ne t'achemine à rien; elle te fait végéter et languir. Forme donc un plan solide; suis-le constamment dans toutes ses parties, et bien t'adviendra de son exécution. Je dois t'avertir aussi qu'il ne faut pas montrer de hauteur à qui que ce soit. Si tu es supérieur à ton second, ton affabilité t'élève encore à ses yeux; si tu lui es inférieur, ton respect te l'attire; et si vous êtes égaux, la simplicité vous unit. Franchise et bonhomie sont liens de la société et acheminement à toutes choses.

Si aujourd'hui *il est en ton esprit de remettre d'autrui ce que tu sais légitimement lui appartenir, encore que les liens du sang rapprochent vos fortunes, remets-lui en ce jour; mais si vraiment il ne t'est pas possible, ne l'ayant nullement,*

En avenir, sur ce qui t'adviendra par coup du hasard, ou plutôt par grâce singulière, complète ta restitution s'il t'est possible; ou du moins commence-là, si mieux tu ne peux faire. Mais ne le faisant point, pour toi fortune dépérira, et le bras invisible cessera de prodiguer de célestes bienfaits au vil mortel indigne d'en jouir.

OCTOBRE.

En passé, *tu voulois consacrer toute ta vie à la solitude; mais un seul point t'arrêta.*

J. 234. Aujourd'hui j'ai satisfaction, j'annonce un bien-être à qui n'en a point: qu'il aille où il croira le trouver; car il l'attend, et j'annonce l'accroissement de fortune à celui qui en a déjà; que celui qui a besoin d'argent pour fournir à son nécessaire y mette toute son application; et sans se laisser entraîner par aucune nonchalance ni frivolité, qu'il commence son laborieux travail dès aujourd'hui; alors adviendra sûrement tout ce que je promets.

Si aujourd'hui *tu méprises tous bons conseils pour toi,*

En avenir, *te sera dommage, et ceux qui pourront t'en donner ne le voudront pas.*

En passé, *dans une société aimable, sans nulle autre vue que de te livrer à la gaieté, tu ne pus t'empêcher de convenir que l'homme devoit exister avec son semblable.*

K, 235. Aujourd'hui quelqu'un te tend un piège; ânerie sera reconnue; honneur, non bonheur; un politique te fait perdre avantage, et à pareil jour sera bâtiment démoli.

Si aujourd'hui *tu vois monceaux de bled,*

En avenir, *devant rire tu pourras pleurer.*

En passé, *la crainte t'empêcha; pense bien, ne crains rien.*

L. 236. Aujourd'hui pour toi inférieur sera bon : un calomniateur convaincu de son mensonge; beaucoup à dire; mais se taire est de saison; et en ce jour tu pourras entendre parole inutile; l'expérience que tu auras t'en donnera la preuve.

Si aujourd'hui *tu crois trouver grand profit où il te sera montré clair qu'il n'en existe pas, malgré ta jouissance,*

En avenir, *te sera prouvé que l'ennemi qui t'a nui, t'ayant même oublié par contre-coup, te sera encore nuisible jusqu'à la mort.*

En passé, *la part que tu eus en la captivité d'un qui valoit plus que toi t'attira de lui mésestime et le mépris des honnêtes gens.*

M. 237. Aujourd'hui sans t'engager à varier, réfléchis où te conduiront tes démarches.

Si aujourd'hui *tu négliges un très-grand conseil touchant femme, ou de femme,*

En avenir, *sera un mot qui te nuira, dont la première lettre sera un V, et dedans tu liras un A.*

En passé, *tu fus dupe d'un pronostic que tu ne sus voir du vrai côté.*

N. 238. Aujourd'hui en voyage tu seras remarqué, pas comme il te plairoit; en ville tu feras rencontre; en solitude t'adviendra grande pensée, et en ce jour sera à propos; mais pas pour tous.

Si aujourd'hui *tu te ris, et me tournes en ridicule, en m'accusant d'être moraliste,*

En avenir, *tu jugeras plus sainement de mon ouvrage; tu ne rejeteras point tout ce que tu auras condamné; tu liras ce que tu n'avois pu qu'épeler.*

En passé, *tu eus la folie de montrer à quelqu'un de raisonnable un projet d'enfant, sur lequel tu prétendais établir ta fortune.*

O. 239. Aujourd'hui parens pensent à parens; amis vont s'éclipser; mauvais docteur bafoué; sois fidèle et non traître.

Si aujourd'hui *sang humain a rejailli sur toi directement ou indirectement, mais non en portant du secours,*

En avenir, *sera le tien rejaillissant avec douleur.*

En passé, *noire nouvelle te fut apportée de bien loin.*

P. 240. Aujourd'hui argent n'est pas tout pur; en peu beaucoup chacun pour soi; en ce jour ne demande pas où loge usurier: demain pain au matin, ou tu serais paresseux.

Si aujourd'hui *tu vois fer rouge empreint d'une couleur qui sera appelée blanche,*

En avenir, *couverture rouge te rendra joyeux.*

En passé, *tu appris la chûte d'un homme qui t'avoit offensé; cherche en toi-même qui te fit cette offense, et tu ne seras pas long-temps à t'en ressouvenir.*

Q. 241. Aujourd'hui tu repasseras en ta mémoire divers événemens passés; tu croiras un secret enseveli, il t'en sera bientôt parlé.

Si aujourd'hui *tu es grandement curieux de choses admirables dont la cause, quoique naturelle, approche de la haute science, écoute: de grand matin, en lieux solitaires et obscurs, comme parc ou forêt, cherche une fourmillière: l'ayant trouvée, tu t'arrêteras et regarderas fixement travailler ses habitans; alors en toi-même demande qui les invite si matin au labeur? qui leur a dit d'agir? si c'est le jugement qui les dirige au travail? et si ces insectes pensent au présent et prévoient l'avenir? Bientôt étonnement te sera grand d'entendre distinctement une voix haute répondre à tes questions, et t'en faire d'autres. Je te le dis, tu désireras savoir de moi toute autre chose; ceci n'est pas magie: en la nuit d'avant garde le coi.*

En passé, *il te vint grande idée qui t'eût conduit à la haute science; tu fis des remarques sur toi,... tac,... tache... picotement,... mais tu ne poursuivis pas tes recherches.*

R. 242. Aujourd'hui à la cour nouvelle intéressante; à la ville un bulletin; au château grand souci ; au village il n'est rien.

Si aujourd'hui *tu te trouves pris ou troublé par quelque boisson contre ton ordinaire,*

En avenir, *tu feras une réflexion qui te conduira à beaucoup d'autres.*

En passé, *tu t'avisas de chanter une chanson ; mais tu ne pus monter à la reprise.*

S. 243. Aujourd'hui argent vaut mieux ; mais si tu veux effet, achète, et tu y penseras ; et en ce jour ne te sera pas inutile d'apprêter ta maison pour y recevoir commodément un arrivant.

Si aujourd'hui *il te survient accident ou incident, tiens pour certain que quiconque en rira.*

En avenir, *en éprouvera un que tu remarqueras.*

En passé, *un de tes parens avait l'ouïe délicate, et la desserte un peu dure ; ce mot est familier, mais il n'est pas moins françois, si tu m'entends.*

T. 244. Aujourd'hui je veux te donner un conseil ; tu me diras peut-être pourquoi je ne le mets pas moi-même en pratique. Je n'ai nulle réponse à te faire : prends or, argent ou monnoie bien à toi, telle somme et quantité qu'il te plaira ; mais que cette monnoie soit seule de ton légitime souverain, et qu'elle ait été frappée au plus proche lieu de ta naissance, tu tiendras toujours cette somme sur toi à part, jusqu'à ce que, pressé par le besoin, tu sois obligé de t'en servir; alors tu appelleras, ou tu iras chercher le plus indigent de ta famille, ou, à défaut de tes amis ou connoissances, tu lui donneras le tiers de cette somme pour aller chercher un billet de loterie, lui faisant présent du second tiers pour subvenir à ses besoins, et te réservant le dernier pour faire l'achat que nous avons dit t'être nécessaire. Et si tu gagnes, ce qui doit arriver, suivant mon savoir, en une ou plusieurs fois, tu lui donneras, en secret et sans marque de dédain, un tiers du lot; tu emploieras le second tiers pour ton utilité présente, et réserveras le troisième pour les nécessités à venir. De cette sorte tu verras que le bien donné porte intérêt; et aujourd'hui est aussi pour les souverains ce que voici : si l'un d'eux monte ce jour même en la montagne de sapience, et se recueille en la solitude du Dieu vivant, mâne lui sera donnée en l'an; il vivra et régnera paisiblement sur son peuple, et coupera le manteau de son adversaire. Ceci est pour l'an entier.

Si aujourd'hui *tu dis vérité qui retire l'affligé de son désespoir,*

En avenir, *un grand prince te devra la vie: n'en cherche nullement l'occasion, elle viendra seule.*

En passé, *le desir de bien faire te fit trébucher.*

OCTOBRE.

U. 245. Aujourd'hui tu auras sujet de changer; mais en tout sois prudent. Certain pour incertain, il faudrait plutôt dormir; et en ce jour il te sera utile d'éprouver qui tu crois ton ami : tu pourras supposer avoir un projet fou, dans lequel tu prétendras risquer ta fortune. Si cet homme te conseille de l'exécuter, crois-le flatteur ou de peu de jugement; en conséquence, bon à connoître, mais non à rechercher.

Si aujourd'hui *tu vois vieillard parlant peu*,

En avenir, *tu apprendras qu'il pouvoit t'être utile.*

En passé, *tu dédaignas de répondre à papier : cela te fit tort.*

NOVEMBRE UNIVERSEL.

Un homme, ennuyé de l'ivresse des passions vicieuses, prétend tout-à-coup sortir de sa léthargie ; mais la vertu est-elle prête à lui tendre les bras ? N'est-ce pas plutôt le vice qui le plonge dans un nouveau délire, sous le masque de la sage raison ? Faux repentir, hypocrisie, sont pis que la débauche.

NOVEMBRE.

V. 246. Aujourd'hui ne consulte aucun qui se dira prophète ou devin, car il ne te diroit rien que de faux : et en ce jour toi-même ne bâtis nulle chimère sur prestige, rêve ou vision quelconque ; en tel jour ne t'en rapporte qu'à ce que tu vois et dois vraiment croire ; telle est ta loi.

Si aujourd'hui *tu n'as nul sujet d'inquiétudes, tel qu'il soit,*

En avenir, *une grande pensée t'échappera.*

En passé, *tu fis une faute, quoique, soi-disant, tu fusses sage comme Caton.*

X. 247. Aujourd'hui chagrin n'est pas de saison ; d'un enchaînement en naît un autre ;

une nouvelle connoissance te fait oublier un ami ; et en ce jour tu fonderas tes espérances sur un projet ; réussir c'est autre chose ; mais possibilité y est.

Si aujourd'hui, *sans intention autre que l'occasion, tu montes cheval neuf,*

En avenir, *fête sera à ton intention.*

En passé, *tu fondas ton bonheur sur un tour de trictrac ; mais le point qui manquoit te fut donné à-peu-près comme à l'Hector du joueur de R....*

Y. 248. Aujourd'hui tu ne prêteras nullement à usure, ni à ton frère, ni à l'étranger ; car tu perdrois ton prêt : mais si tu prêtes sans nul intérêt, par lui tu feras profit ; surtout fais assurer ta somme.

Si aujourd'hui *est le* 333e. *jour de ton Zodiaque*,

En avenir, *près d'un tombeau tu sauras un grand secret.*

En passé, *un retard mit ton esprit aux aguêts ; mais la nouvelle arriva ; c'étoit une de celles qui affectent le plus les hommes, et qui cependant devroient les occuper le moins.*

Z. 249. Aujourd'hui tu chercheras ami, mais bien peu tu en trouveras ; tu l'auras été d'un qui te veut méconnoître ; un autre te bien parlant, au moins le croiras-tu, aura son intérêt ; je dis en ce jour : défie-toi de la séduction.

9

Si aujourd'hui *plusieurs ennemis t'assaillissent, ne le méritant pas,*

En avenir, *tu participeras à un conseil de conséquence.*

En passé, *mal-à-propos tu te mêlas dans des affaires embrouillées.*

&. 250. Aujourd'hui un vertueux doit te conseiller; tu auras inquiétude; tu ralentiras la fougue de tes passions; avant peu satisfaction.

Si aujourd'hui *tu vois les flots de la mer blanchir d'écume,*

En avenir, *tu feras une bonne réflexion; mais les circonstances t'empêcheront d'en profiter.*

En passé, *tu mis le feu à l'amorce; mais la poudre étoit éventée.*

A. 251. Aujourd'hui de grand matin il te viendra une idée, c'est à toi d'y réfléchir; et en ce jour si tu demandes à un homme vrai ce que l'on dit de toi, tu en seras étonné, s'il ne te flatte pas; et encore aujourd'hui tu ne diras pas tout ce que tu penseras; partie est pour beaucoup; il est dit que tu deviendras en un instant le parent de celui à qui tu serois honteux de parler; femme est fort en jeu; caprice ignoble; les petits rougiront des travers d'un grand. On craindra de montrer au grand jour ce qui délectera dans l'obscurité : ceci ne va pas à tous, mais convient à beaucoup.

Si aujourd'hui *tu t'appliques à labeur scientifique, ou que tu aies talent ou art noble,*

En avenir, *un journalier ou artisan de classe végétative méprisera ta profession, et calomniera tes mœurs comme un insensé.*

En passé, *fâché de t'être trop reposé sur la foi d'autrui, tu t'en repentis et t'en repens encore.*

B. 252. Aujourd'hui défie-toi d'un conseil tel qu'il soit, à moins que tu ne l'aies mûrement réfléchi; et en ce jour t'apparoîtra un homme qui te semblera avare; mais si tu l'étudies, tu verras que cet homme est plus sage que toi.

Si aujourd'hui *tu vois mortalité, sans qu'elle t'affecte au point de rester court,*

En avenir, *cette même mortalité se retracera dans ton esprit.*

En passé, *dans sujet agité tu vis un coupable plus audacieux que l'innocent.*

C. 253. Aujourd'hui est chagrin; mais après débats, choisis solitude en grand air; alors rep se-toi sans mot dire; puis tourne les yeux sur tout ce qui t'environne; élève-les vers les cieux: enfin fixe-les en terre, et tout-à-coup t'adviendra lumière salutaire et conseil secourable. Ceci est de la plus haute science.

Si aujourd'hui *c'est juste et prudente réflexion sur ta pensée la plus dominante,*

En avenir, *tu seras affectueusement recherché; un chacun te voudra grand bien, et l'en fera plus que tu n'en désireras, ne t'en souciant nullement.*

En passé, *tu fus frappé d'une vision, tu la crus chimérique.*

D. 254. Aujourd'hui rêvant que tu cherches noise à ton ennemi, dommage: rêvant qu'il te la cherche, tu seras vainqueur: et si tu rêvois que tu la cherches à un inconnu, ou qu'il te la cherche, ce seroit un ennemi caché. Si tu cherches noise à un ami, ce n'est rien quant à ce moment; mais un jour ce sera froideur entre vous deux : si ton ennemi qui t'a vu en noise est par toi en la prison, retire-le, ou te sera lien bien dur avant ta mort; et si c'est toi qui es détenu, écris-lui qu'il te délivre; s'il ne le fait pas, tes liens seront rompus sous peu, et adviendront les siens que tu verras. Il faut en tout ceci que le prisonnier soit innocent ou peu coupable, et que celui qui tient son semblable dans l'esclavage soit humain, et à l'abri des coups de tout adversaire.

Si aujourd'hui *tu vois grande faveur,*

En avenir, *sera la calomnie ou la désunion.*

En passé, *tu te livras entre les mains des tyrans.*

E. 255. Aujourd'hui il y a des maux avec lesquels l'homme doit vivre ; ne dis rien à ton ennemi ; il a l'avantage sur toi ; en ce jour en combat, tiens-toi seulement sur la défensive ; tableau changé de place.

Si aujourd'hui *tu remarques quelqu'un faisant frime de te confier ses affaires les plus intéressantes pour t'engager à lui dire les tiennes, telles qu'elles soient,*

En avenir, *tu te moqueras de lui bien à propos.*

En passé, *une conversation en promenade fut un peu agitée ; il ne manquoit que le lieu, le temps étoit propice.*

F. 256. Aujourd'hui sur l'eau ne crains rien ; sur terre sois dans une juste assurance ; évite le trop d'air et de feu ; et en ce jour tu feras une grande spéculation ; tu maudiras toute une compagnie ; tu n'auras pas grand tort.

Si aujourd'hui *tu veux être flatté,*

En avenir, *lis vieux livres, et monte jeunes chevaux,*

En passé, *si tu eusses suivi ton premier mouvement, coup du hasard étoit bien proche.*

G. 257. Aujourd'hui si tu ignores ou veux ignorer combien le suc des simples a de vertus, tu ne seras jamais riche à millions ;

mais en récompense en ta vieillesse tu seras moins soucieux.

Si aujourd'hui *tu vois un infortuné vertueux sortir de la misère par un crime,*

En avenir, *à pareil jour par un évènement tu le verras retomber dans la misère, n'ayant plus pour lui la puissance de commettre le même crime.*

En passé, *tu philosophes sur un point; mais l'éloquence te manqua pour le persuader.*

H. 258. Aujourd'hui il t'adviendra chicane; écriture te sera en remarque; procureur très-instruit; et s'il est jour de repos, sera pour toi objet digne de pitié et de mépris; l'infortuné perdra en un moment le fruit du pénible travail de six jours, et se récriera le lendemain sur son sort.

Si aujourd'hui *tu entends faire remerciement avec emphase, de grands dons, c'est nouvelle demande; mais si l'on te remercie en bref de ce qui t'a peu coûté, et a valu beaucoup,*

En avenir, *crois ton protégé sincère.*

En passé, *un branlement de tête ne te plut pas.*

J. 259. Aujourd'hui ton esprit préférera le romanesque à l'historique; mais la réflexion du roman un jour te sera utile.

Si aujourd'hui *t'apparoît homme vraiment*

terrestre, c'est-à-dire bas et rampant en ses discours,

En avenir, *tu seras certain qu'il est de fait terrestre en tout, même en ses plus chers intérêts ; obstiné en un point, il en sera très-éloigné, même en croyant l'avoir pour base fondamentale.*

En passé, *un événement entraîna une trop longue suite.*

K. 260. Aujourd'hui si tu penches d'un côté, prends garde de verser de l'autre ; plus grand danger est dans l'esprit.

Si aujourd'hui *tu dis ton secret, ou qu'un autre te confie le sien,*

En avenir, *tu seras fâché de l'un et de l'autre.*

En passé, *une gêne fut bien à contre-temps.*

L. 261. Aujourd'hui ne quitte pas un état pour en prendre un autre, s'il n'y a plein rapport ou enchaînement naturel.

Si aujourd'hui *tu dépenses follement sans te borner,*

En avenir, *tu mourras moins riche, et tes héritiers auront moins de regret de ta mort que de ta folie.*

En passé, *société agréable ; une remarque dans une écriture.*

M. 262. Aujourd'hui est bon à savoir tout ; Copernic seul ne doit pas t'arrêter ; médaille d'or mérite plus de soin; travaille pour qui tu dois; boisson peut sans nul coût occuper tes esprits.

Si aujourd'hui *tu vois audacieux semer la division, irriter les esprits,*

En avenir, *tu le verras plus consterné que tout autre.*

En passé, *tu fis folie de ne pas accepter ce que l'on t'offrait.*

N. 263. Aujourd'hui tu iras en nouvelle promenade; si elle est de saison, elle te sera propice; différends entre deux te donneront à parler; grandes ratures sur bien des noms; bruits confus; heures remarquables.

Si aujourd'hui *tu es taxé de peu de jugement, que cela soit réel, et que tu le sentes,*

En avenir, *tu auras satisfaction d'être repris d'une faute.*

En passé, *tu te dis: L'instant est venu où il faut vaincre ou mourir, m'élever ou tomber; mais avec cette résolution il te manqua un bon conseil qui auroit pallié bien des bévues.*

O. 264. Aujourd'hui le bien et le mal se succèdent; plus loin, variation.

Si aujourd'hui *tu juges en ton foyer procès de ceux qui t'en prieront, et que les parties soient soumises sans appel à ton jugement,*

En avenir, *de toutes tu auras amitié sincère.*

En passé, *la nuit te sembla bien longue, et le jour suivant tu ne fis pas grand chose.*

P. 265. Aujourd'hui tu entendras parler d'enfans; et en ce jour s'il t'en naît un d'un lien illégitime, il sera plus grand que toi; il surmontera grand obstacle; il aura en tout et partout honneur et bonheur; son premier pas sera vers l'Orient, et son dernier vers le Midi.

Si aujourd'hui *est pour toi le septième jour après soixante-douze ans,*

En avenir, *tu devineras la mort d'un grand, trois jours avant son décès.*

En passé, *dans l'instant que tu désirois voir la coupe d'un bâtiment, d'autres auroient bien désiré en voir les dehors. Cette dernière envie m'a tenu quelquefois; mais c'est dans le passé.*

Q. 266. Aujourd'hui, si tu lis sans choix, tu apprendras nouvelle. D'un secret sois avare.

Si aujourd'hui *tu remarques action d'un jeune homme, telle qu'elle soit,*

En avenir, *tu observeras que s'il a changé extérieurement, il a gardé au fond ce qu'il te fait paroître aujourd'hui.*

En passé, *tu fus suivi en tes démarches; qu'à présent et à l'avenir ce te soit une leçon.*

R. 267. Aujourd'hui tu peux remarquer qu'en un pareil jour mortalité te fut relative, puis après une seconde, et te sera encore à autre pareil jour une troisième mortalité; et de plus, aujourd'hui crainte ou grand désir.

Si aujourd'hui *il t'est parlé d'un souverain, remarque si c'est en bien ou en mal :*

En avenir, si c'est en bien, *tu auras consolation par écrit*; si c'est en mal, *tu auras tristesse par paroles.*

En passé, *tu te figuras chose qui, en la voyant, te surprit par sa dissemblance avec autre.*

S. 268. Aujourd'hui si tu fais une connoissance nouvelle, tu en seras réjoui; mais peu après ta joie se changera en tiédeur, et à la fin la haine naîtra; et en ce jour, un mot mal pris ou mal entendu te portera souci.

Si aujourd'hui *le son désagréable d'un instrument de chasse te réveille,*

En avenir, *tu éprouveras trahison d'un ami; mais pour t'y soustraire, fais taire l'importun, ou au moins fais-le inviter à aller corner sur les montagnes, et non dans les villes.*

En passé, *disposé à profiter d'un instant de repos, tu fus obsédé par plusieurs importuns.*

T. 269. Aujourd'hui, comme les autres, tu seras disposé à suivre le torrent; mais, honteux de t'y être laissé emporter, tu reviendras *penaud ;* ta précipitation te causera grande honte.

Si aujourd'hui *tu reconnois sujet qui, par mauvais génie et mauvaise langue, fasse disputer amis en société,*

En avenir, *ne te lie en aucune façon avec lui ; non seulement parce qu'il est mauvais, mais parce que tu t'en repentirois.*

En passé, *tu suivis follement ce qui avoit surpris tes sens ; mais tu fus assez sage pour ne pas suivre ta première idée.*

U. 270. Aujourd'hui si tu réponds intérieurement à la voix qui t'appelle, tu éprouveras ravissement en l'esprit ; et si tu suis le conseil de cette voix secrète, tu auras bon changement qui te ravira davantage ; nouvelle de parens.

Si aujourd'hui *tu vois antipathie naturelle, comme le chou et la vigne, l'eau et l'huile, le chaud et le froid, l'appétit et la disette, etc.,*

En avenir, *défie-toi d'un portant couleur contraire à toi ; mais tu pareras à tout inconvénient, en détruisant l'antipathie qui n'est qu'artificielle.* Bref, pour te parler clair, je dis que toute inimitié entre les hommes n'est pas naturelle.

En passé, *tu fis la rencontre d'un infortuné qui te fut bien utile.*

NOVEMBRE.

V. 271. Aujourd'hui rends service à un que tu auras grièvement offensé en ses biens, réputation, honneur, ou liberté; il te pardonnera, et te révélera secret qui t'intéresse; pour ce, va le trouver, et lui dis: « Je viens « faire la paix, que pardon soit au coupable; « il te répliquera: J'y consens ». Alors offre-lui le moyen d'étancher sa soif en ta retraite, et de lui ne crains aucun mauvais retour, si tu lui es fidèle.

Si aujourd'hui *quelqu'un te reproche un méfait, portes-y remède, s'il t'est possible,*

En avenir, *autrement cela te seroit une annonce de bien mauvais augure; et tu t'écrierois entre deux tours de compas:* Adonaï, Adonaï.

En passé, *veuvage te vint en l'esprit.*

X. 272. Aujourd'hui, si de ce jour en six tu as gardé le *coi*, en éloignant de toi toute pensée étrangère, le septième demande chose juste et utile en ton besoin; tu sauras si telle chose n'a un retour à ton préjudice: ceci est en haute science.

Si aujourd'hui *tu fais le premier pas pour percer la foule,*

En avenir, *ton esprit sera à peine suffisant pour remédier à la brèche que tu auras faite d'avance ou bien qui t'échoira.*

En passé, *tu fus évité de gens plus à fuir que toi.*

Y. 273. Aujourd'hui ne souris ni n'accorde nulle approbation au bon mot d'un vicieux, pas même par folle complaisance ; tu lui prophétiseras mentalement, et sans le vouloir, un mal-encontre qui t'étonnera. Je sais qu'en ce même jour tu attends ; mais tu seras bientôt éclairci.

Si aujourd'hui *tu crois trop en magie noire,*

En avenir, *tu seras dupe de ta bonne foi ; si tu n'y crois pas du tout, tu seras dupe de ta croyance ; si tu dis : Le premier principe rend tout possible en fait de magie, de cette croyance t'adviendra tranquillité.*

En passé, *une seule personne te fit manquer à plusieurs autres.*

Z. 274. Aujourd'hui en grand souci, n'attriste pas ton âme, n'injurie point l'Eternel ; et au contraire, dis à part toi : Seigneur : *Je bénis ton nom très-haut ;* et David ce saint roi, étant ton interprète, ton chagrin dès ce jour diminuera.

Si aujourd'hui *tu te dis en le pensant : J'ai été consolé dans tous mes chagrins,*

En avenir, *tu connoîtras cause de haute science, sans qu'elle te soit apprise.*

En passé, *tu n'inclinas pas pour la réussite d'un autre.*

&. 275. Aujourd'hui sera pour ton repos ; ne fais nulle remarque à ce qui t'arrivera ; car bien ou mal se passera bien vîte.

NOVEMBRE.

Si aujourd'hui tu te dis homme de bien et de vertu, sois-le jusque dans le sein de ton foyer.

En avenir, on satisfera l'envie que tu as de passer pour tel.

En passé, tu vis périr ton semblable, et ne pus lui porter de secours.

DÉCEMBRE UNIVERSEL.

L'ESPÉRANCE est une branche d'arbre qui se trouve dans le grand fleuve de la vie, et à laquelle s'attache l'homme prêt à se noyer; si tu coupes cette branche, tu lui ôtes le secours, et l'infortuné expire au sein des flots.

DÉCEMBRE.

A. 276. Aujourd'hui je te dis choses que tu peux ignorer, mais que tu devrois savoir; ton débat vient de rien, et c'est à ce rien qu'il te faudra dorénavant faire grande attention; et en ce jour, réfléchis au mal que tu as fait par méchanceté; car pareil mal menace de retomber sur toi.

Si aujourd'hui *tu vois terre ou bâtiment abandonné,*

En avenir, *tu liras écriture qui t'induira à erreur.*

En passé, *tu aimois, mais tu n'étois pas payé de retour.*

B. 277. Aujourd'hui tu seras contraint de dire ton sentiment; tu pourras le dire après mûre réflexion; tu seras obligé à visite. Défie-toi d'une chute.

Si aujourd'hui *tu vois lune brillante en son plein éclairer gens obligés de travailler la nuit,*

En avenir, *tu verras ambassadeur s'en retourner ou revenir par un chemin tout opposé.*

En passé, *tu fus, sans y penser, comme la balle du jeu de paume; croyant compter quinze, tu fus jeté dessous la corde.*

C. 278. Aujourd'hui tu remettras une cause qui sera appelée par devant toi, et bien t'en adviendra par éclaircissement; et en ce jour, pour un petit sujet grand éclat de rire n'est pas civil.

Si aujourd'hui *tu te détournes de la grande route, et que tu te fourvoies pour arriver plus tôt par le sentier,*

En avenir, *tu apprendras qu'on t'a vu passer et t'égarer.*

En passé, *ressouviens-t'en; ce que tu avois acquis pour ton utilité te réduisit bientôt à la gêne.*

D. 279. Aujourd'hui te sera un sujet de différentes réflexions; en toi tu frémiras; tu loueras, mais tu n'achèteras point.

Si aujourd'hui *tu as une affliction,*

En avenir, *tu seras plus heureux que s'il ne t'en fût jamais arrivé; car l'affliction est un pilote habile qui nous fait éviter bien des écueils.*

En passé, *tu fus outré de l'indiscrétion d'un autre.*

DÉCEMBRE.

E. 280. Aujourd'hui tu chercheras les ténèbres, et la lumière te cherchera; n'abats pas ton courage.

Si aujourd'hui *un vrai ami te vient donner conseil,*

En avenir, *tu reconnoîtras, si tu ne l'as pas fait, qu'il falloit le mûrir ensemble.*

En passé, *des caquets t'ennuyèrent beaucoup.*

F. 281. Aujourd'hui je vais parler à toi, mais sans te nommer; car j'use de discrétion respectueuse. Garde-toi de porter scandale en ce jour; en ton cœur doit être le vrai bien d'autrui; mais si par ton méfait tu donnes à redire, ce même jour t'est pernicieux: quoique je sois simple en langage, le haut est en moi; certes, tu ne te trompes pas; oui est en ta pensée.

Si aujourd'hui *tu vois poisson sauter sur l'eau,*

En avenir, *t'arrivera changement, mais non en icelui grande fortune.*

En passé, *après de grandes combinaisons, tu dis à part toi: Il y a des hasards qui les détruisent.*

G. 282. Aujourd'hui garde-toi de faire folie pour amuser les autres; mais à tout réponds peu: ne critique pas par discours ou singeries; car après mépris seroit fait de toi.

Si aujourd'hui *tu as tuteur, je dis père, mère, oncle, parens et autres à qui tu doives honneur, et que tu méprises leurs conseils ou foiblesses,*

En avenir, *tu t'en ressouviendras.*

En passé, *tu te révoltas contre les caprices de l'amour, tu voulois l'assujettir à la raison.*

H. 283. Aujourd'hui repasse ta généalogie, il s'ensuivra grande pensée ; rends service en ce jour, s'il t'est possible, au moins par de bonnes paroles. Pourquoi n'es-tu pas satisfait ? Penche les yeux.

Si aujourd'hui *tu es dans l'espérance de papier,*

En avenir, *tu auras une autre attente moins soucieuse.*

En passé, *argent se passa, tu eus recours à la ressource ; elle t'aida, mais il t'en coûta plus qu'à moi.*

J. 284. Aujourd'hui chacun à son labeur doit employer son temps : ne fonde nul espoir chimérique sur le talent des autres ; et en ce jour tu verras milliers d'animaux à quatre pattes, chez d'autres à deux pieds, dévorer partie de ta nourriture : un te sera remarquable.

Si aujourd'hui *t'est offert poudre propre à respirer, bonne ou mauvaise, qu'importe, et qu'entre ses doigts le donneur l'ait bien froissée, si tu en prends,*

En avenir, *t'adviendra dégoût, je ne dis pas en quoi; mais c'est vraiment dégoût.*

En passé, *tu t'avisas mal à temps de faire la critique des principales figures d'un tableau; il t'eût été mieux d'en remarquer sans parler les accessoires.*

K. 285. Aujourd'hui, en bien, suis ton projet; pourquoi te refroidir? De la frivolité passe au solide.

Si aujourd'hui *tu t'en rapportes aveuglément à la décision d'un tiers,*

En avenir, *tu marcheras à l'abri d'une ombre.*

En passé, *tu fus outré de la grâce qu'on accorda à un coupable.*

L. 286. Nouvelle sur nouvelle; il en sera une bien fausse; écris à qui tu dois, et en ce jour parle à chacun son langage; use de discrétion à propos; pour savoir en quoi, réfléchis.

Si aujourd'hui *tu notes ou remarques un avis,*

En avenir, *tu ne confieras ta vie, ou chose attenante à elle, qu'à toi seul.*

En passé, *tu fus ambitieux de réussir en pensant au présent, et non à l'avenir.*

M. 287. Aujourd'hui mets à part de ton superflu; une triste nouvelle qui ne te regarde pas; une autre où tu auras part; un changement n'est pas loin de toi.

Si aujourd'hui *femme t'anéantit*,

En avenir, *sera une autre femme qui te relèvera.*

En passé, *tu affectas de faire amitié à un tiers, par égard pour un autre.*

N. 288. Aujourd'hui, nul reproche aux cendres d'un mort; fais des vœux qui soient purs; respecte l'innocence; tenant des services d'un moindre que toi, passe-lui ses défauts.

Si aujourd'hui *tu demandes si la victoire conduit toujours le char d'un tyran,*

En avenir, *il te sera démontré que non.*

En passé, *quel fut le résultat de ta chicane, supposé que tu n'eusses pas tort?*

O. 289. Aujourd'hui obligation de donner; rencontre bien à temps; consolation inattendue.

Si aujourd'hui *tu vois œuf tomber sur pierre, de hauteur de trois pieds jusqu'à cinq, et ne pas se casser,*

En avenir, *tu verras de grandes choses se terminer à bien.*

En passé, *à contre-temps tu voulus composer.*

P. 290. Aujourd'hui te sera demandé conseil; si tu le donnes sans détour, tu seras bien recherché; et en ce jour, dans une assemblée, il ne te sera pas facile d'appeler chacun par son nom.

Si aujourd'hui *tu veux t'instruire si les temps ont toujours été ce qu'ils sont,*

En avenir, *un enfant roulant une boule par terre te priera de lui dire quel en est le plus beau côté; je dis dans le temps qu'elle roulera.*

En passé, *tu demandois la vraie cause de l'existence des vices; pas une seule bonne raison ne te fut donnée.*

Q. 291. Aujourd'hui tu apprendras tout-à-la-fois l'élévation d'un homme de cour, et l'abaissement d'un autre. Un qui t'aura nui sera bien empêché de récidiver. Tu regarderas le soleil avec précaution, et la lune pourra t'éclairer: je ne dis pas pourtant que ce soit dans un bon aspect.

Si aujourd'hui *tu as sujet de travailler pour autre,*

En avenir, *crois-moi, tu paracheveras l'ouvrage, quel qu'il soit.*

En passé, *tu fus taxé bien injustement; je ne dis pas qu'en une autre circonstance tu n'avois pas tort; mais à peine le crus-tu.*

R. 292. Aujourd'hui devant tes yeux se formera un tableau; n'en fais pas l'accessoire.

Si aujourd'hui *tu te demandes d'où naît l'effet d'une cause inconnue,*

En avenir, *tu te diras: Il est bien des choses indéfinies; l'homme n'est qu'homme.*

En passé, *ta distraction fit réfléchir et pen-*

ser mûrement sur ton compte; il en advint une difficulté attribuée à un autre sujet qui te fit retomber sur tes pieds.

S. 293. Aujourd'hui tu compteras tes momens perdus; et en ce jour te sera occasion de parler; mais songe que je t'ai averti qu'il te seroit plus utile de passer pour stupide, que de répondre par un trait piquant.

Si aujourd'hui *tu as bien, mis en dépôt pour raison,*

En avenir, *défie-toi d'y trouver du dépérissement, et de devenir encore le jouet de l'insolence.*

En passé, *tu ravallas mal à propos les personnes au rang des bêtes.*

T. 294. Aujourd'hui tu apprendras que deux amans se sont quittés; d'abord cela te surprendra; mais, revenant à toi, tu n'y trouveras rien de surnaturel; d'un autre côté tu sauras que deux amans se sont liés; la chose te semblera moins dans l'ordre; mais en amour l'ordre est compté pour peu de chose, tu en pourras juger par toi-même.

Si aujourd'hui *tu demandes à quoi sert une maison considérable,*

En avenir, *tu répudieras un mauvais livre.*

En passé, *tu demandois si, ayant davantage de prisons, il y auroit plus de prisonniers?*

Les uns te disoient non, les autres oui : il t'étoit assez permis de penser, mais pas trop de parler.

U. 295. Aujourd'hui tu pourras être pressé et gêné pour un paiement; si tu ne l'es pas, sois en garde contre un qui doit arriver. De parens te vient profit contre ton attente, et peut-être contre la leur.

Si aujourd'hui *tu tiens en main une boule, et que haute science soit en tes esprits,*

En avenir, *tu ne te plaindras de rien.*

En passé, *tu t'informois où demeuroit un excellent homme de robe.*

V. 296. Aujourd'hui proposition d'accord n'aura pas lieu. Feu nuit à maison : sur ce réfléchis; et en ce jour, sans être sur place, tu verras un certain opérateur vanter son orviétan au-dessus de tout autre; une espèce d'histrion se démener comme sur un théâtre; et tu pourras dire en toi-même. Chacun est charlatan dans son état, et nous jouons tous notre personnage.

Si aujourd'hui *ton inférieur a des droits sur toi, et qu'il les exerce à mal, sans que tu puisses mot dire,*

En avenir, *tu repasseras dans ta mémoire son procédé, et un pareil.*

En passé, *en conversation avec un autre, tu l'entretenois sur le nom d'ami et les devoirs de l'amitié; mais tous deux vous ne pensiez* nullement à ces beaux sentimens dont vous faisiez étalage.

X. 297. Aujourd'hui paroles seront perdues. De deux personnes à qui tu seras obligé de parler, l'une aura trop d'esprit, l'autre n'en aura pas assez. Enfin d'autres paroles porteront coup.

Si aujourd'hui *tu te dis : Les bons s'en vont, les mauvais restent,*

En l'avenir, *tu réfléchiras qu'il en est plus des derniers que des premiers.*

En passé, *tu ne compris pas comment les hommes pouvoient se laisser entraîner au faux merveilleux qu'un moment avant ils condamnoient comme absurde ;* ressouviens-toi néanmoins que les grands ne sont point si sujets à ces grossières bévues ; et de plus, que les petits sont fort heureux d'être dirigés par eux.

Y. 298. Aujourd'hui science n'est pas patience. Il te faut l'une et l'autre. Nouvelle ne t'est pas venue : l'on te dira pourquoi.

Si aujourd'hui *tu remarques fréquentes désunions d'époux,*

En avenir, *tu seras instruit qu'un homme s'est trop laissé surprendre, et qu'autres font métier de troubler les ménages.* Un sage, plein d'amour pour son Roi, sa patrie et son Dieu, prouve que la rupture des époux cause plus de désordre dans un état, que la guerre, la famine et la peste. Il soutient que les ministres *des autels* et *les suppôts de la justice n'ont jamais assez réfléchi aux maux incurables que ces désunions répandent dans l'enchaînement universel de la société.*

En passé, *tu voulois savoir quel étoit le plus heureux du maître ou du valet; ils ne l'étoient pas plus l'un que l'autre.*

Z. 299. Aujourd'hui un changement te seroit favorable; mais ce n'est sûrement pas celui qui te tient le plus à cœur; et en ce même jour te sera nouvelle, non celle que tu attends le plus, mais une autre qui, sans paroître te regarder, deviendra plus intéressante.

Si aujourd'hui *tu demandes si un Pasquin feroit un bon effet dans toutes les villes,*

En avenir, *tu feras chose digne d'être tournée en pasquinade; et alors tu seras certain du oui.*

En passé, *tu p is campagnard pour homme de ville.*

&. 300. Aujourd'hui romps avec celui qui te parlera mal des autres; car avant peu il médiroit de toi-même; ou si tu ne peux briser avec lui, montre-lui cet article.

Si aujourd'hui *tu vois banqueroutier, qu'il soit justement mis en oubli,*

En avenir, *tu éviteras une banqueroute; ce sera le contraire, s'il lui est fait grâce.*

En passé, *tu péchas par ignorance; mais ta faute n'en fut pas moins punie.*

A. 301. Aujourd'hui si tu as enfant sous ta garde, sers-lui de père; ce jour t'est propice pour lui donner un état; mais en avant tu suivras, non son penchant, mais sa complexion et son discernement. Ce jour t'est bon encore pour nouvel état et pour grande entreprise.

Si aujourd'hui *tu dis : Le mariage est fait pour les sot* ,

En avenir, *tu réfléchiras qu'il ne falloit pas aller loin pour en trouver un.*

En passé, *tu crus qu'il n'y avoit qu'un pas du mal au bien ; c'est une erreur, si tu entendois le mal moral.*

B. 302. Aujourd'hui tu verras maltraiter ton semblable; et en ce jour tu pourras voir quelqu'un qui tient journal de calomnies.

Si aujourd'hui *tu vois demande octroyée à femme préférablement à homme,*

En avenir, *une femme n'aura pas tort de te dire qu'elle est née pour gouverner l'homme.*

En passé, *tu fis grand bruit; mais qui t'aurait regardé fixement t'eût fait baisser les yeux.*

C. 303. Aujourd'hui, rangeant l'amour au nombre des misères humaines, tu verras la nécessité de subir sa loi; tu l'appelleras le grand ressort qui fait mouvoir notre mécanique, qui fait retentir des sons, sauter des figures, et danser des pantins.

Si aujourd'hui *tu crains*,

En un prompt avenir, *tu seras à moitié vaincu.*

En passé, *tu connoissois la force d'une folie et tu ne pus t'empêcher d'y succomber.*

D. 304. Aujourd'hui tu dépends d'un autre; il te sera utile de conformer ton humeur à la sienne; mais si tu crois ne rien devoir tenir que de toi-même, je t'assure que tu es peu lié à la roue qui te fait mouvoir.

Si aujourd'hui *tu te fais différentes questions subtiles et studieuses, par exemple, quelle est la dernière fin d'un gland jeté en terre.*

En avenir, *l'ayant bien deviné, cette pensée ne t'aura pas été inutile.*

En passé, *tu demandois comment on pouvait souffrir la faim dans un pays à bled.*

E. 305. Aujourd'hui te sera grande visite; mais sortir de chez toi pour vaquer à tes véritables affaires te seroit mieux, et donneroit moins à penser. En ce jour grand projet en balance; mais il sera raffermi.

Si aujourd'hui *tu vois homme âgé que tu connoisses d'ancienne date, et n'aies vu de long-temps,*

En avenir, *te sera une remi(a.) du bien de tes ancêtres.*

En passé, *tu compris mal Diogène dans son tonneau; crois-moi, ne t'en rapporte pas à un avorton de littérature qui mit par ignorance le mot :* Ostentation.

F. 306. Aujourd'hui à tous maux remède. N'en prends point de violent. Peu de drogues, mais bonnes : au village t'en est l'exemple ; on y vit en général fort long-temps. Mais, dis-tu, les villageois travaillent, cela les fortifie. Ce jour aussi te seroit favorable au labeur.

Si aujourd'hui *tu entends parler par ambigu,*

En avenir, *tu seras peu satisfait du parleur.*

En passé, *tu contrôlas un intendant ; tu aurois mieux jugé si tu eusses réfléchi à son maître.*

de

JANVIER UNIVERSEL.

Celui-la seul mérite le nom de sage, qui, regardant d'un même œil tous les événemens de cette vie, les considère comme un effet des justes et impénétrables décrets du souverain Être; et s'attendant à tout ce qui peut lui arriver, se fait de la vertu un bouclier contre l'infortune.

JANVIER.

G. 307. Aujourd'hui étant prêt à passer la nuit, défie-toi d'un événement. Si en la nuit tu dors, un songe te réveillera. Homme oublie son labeur.

Si aujourd'hui *tu apprends grande fortune d'un quidam autrefois n'étant rien,*

En avenir, *tu diras peut-être : Grand fripon.*

En passé, *tu fis agiter cette question, savoir, s'il étoit des femmes vraiment sages : tu crus pouvoir dire non, en te servant d'un subterfuge ; mais comme on argumente mal en usant de subterfuge, je soutiens contre toi qu'il est des femmes vraiment sages*, et ma protectrice en est une preuve.

H. 308. Aujourd'hui tu verras enfant te faire réfléchir, et en ce jour tu ne sauras que penser des démarches secrètes de quelqu'un; déclaration sera pour toi un édit.

Si aujourd'hui *on rend compte de tes pas,*

En avenir, *ils seront comptés pour rien; aura-t-on raison ou tort? tu le pourras mieux savoir que personne.*

En passé, *tu craignis que l'on ne révélât le secret que tu avois confié à autrui.*

J. 309. Aujourd'hui celui qui sera redevable, et dont l'affaire sera au bout, se gardera de sortir; et en ce jour nouvelle de prise de corps. Je pourrois ajouter aussi d'habit.

Si aujourd'hui *l'on te demande : D'où vient que l'on plaide de petites causes, c'est à-dire de peu de conséquence,*

En avenir, *tu te rappelleras avoir répondu que celui qui plaide pour peu n'est pas fortuné.*

En passé, *un esprit étant porté à la tyrannie, fut assez osé de dire : Un état est une bourse commune; si l'un la vide, l'autre la remplit.*

K. 310. Aujourd'hui méfie-toi des papiers, surtout de ce qui est dessus; et en ce jour jalousie s'étendra sur femme; mais avant d'éclater, il faut être plus instruit; et nous parlerons avec moins de feu et plus vrai.

Si aujourd'hui *tu vois deux animaux carnassiers se dévorer mutuellement,*

En avenir, *disposé à prendre un parti fu-*

rieux, tu auras grand tort ; car consolation ne sera pas loin de ta peine.

En passé, *tu te livras trop au désespoir;* c'est, selon moi, une pusillanimité de se refuser à porter un fardeau moins lourd que celui qui nous attend.

L. 311. Aujourd'hui tu as un tuteur, tel qu'il soit; mais s'il est sévère et non prodigue, ton bien en augmente; s'il est dur, avare, ou doux pour toi, mauvaise sûreté.

Si aujourd'hui *tu vois quelqu'un te regarder sans attendre,*

En avenir, *tu demanderas s'il s'est bien examiné lui-même.*

En passé, *la force te manqua pour punir qui le méritoit.*

M. 312. Aujourd'hui est pour toi sujet d'augmentation; mais il faudra labeur qui pourra t'ennuyer.

Si aujourd'hui *tu te ris de la foiblesse ou folie de ton semblable ; je dis foiblesse, étant foulé par tyrannie ; je dis folie, ayant perdu la tête.*

En avenir, *ressouviens-t'en, trois points te seront nuisibles; et ces points seront très-clairvoyans à ton esprit.*

En passé, *tu fus rassasié sans manger ; et en mangeant tu pourras ne l'être pas.*

N. 313. Aujourd'hui est le jour de surmonter ton ennemi; mais il faut parler, écrire, aller, venir, en un mot travailler à ta victoire; et l'ayant remportée de cette sorte, en ce jour il te sera bon de ne point l'atterrer entièrement; car de lui t'adviendra utilité.

Si aujourd'hui *tu as crainte de refuser,*
En avenir, *tu y réfléchiras.*
En passé, *il courut contre toi bruit d'argent mal acquis.*

O. 314. Aujourd'hui homme tu n'est pas sage en tout; femme devient prudente. Faux caquets; grande vente.

Si aujourd'hui *tu réfléchis qu'il n'est pas permis à tous les hommes de commettre les mêmes fautes,*
En avenir, *il te sera dit pourquoi.*
En passé, *tu eus juste crainte pour mauvaise chose, mais qui ne te fut pas dommageable.*

P. 315. Aujourd'hui au soir un ciel rouge t'annoncera vent pour le lendemain; tu peux être assuré d'être bientôt plus joyeux; et en ce jour grand desir est en ta pensée.

Si aujourd'hui *tu fais cette remarque : que passer pour dupe ou l'être, est toujours duperie,*
En avenir, *tu seras plus sur tes gardes.*
En passé, *tu évitas la mort sans le savoir.*

Q. 316. Aujourd'hui en un quatrième où la sombre tranquillité repose, ou au milieu du tumulte, tu te diras heureux; et ton semblable t'inspirera de la pitié ; il te sera parlé de femme.

Si aujourd'hui *tu dis : La crainte n'appartient qu'au coupable,*

En avenir, *en étant toujours d'accord, tu seras certain que l'innocent, dans ce siècle de fer, a aussi de la terreur, panique ou non, elle ne l'affecte pas moins.*

En passé, *tu manquas au nom que tu portes.*

R. 317. Aujourd'hui vers l'eau cours en grande hâte, si ton besoin t'y appelle ; mais sois prudent étant dessus ; et en ce jour tu seras bien embarrassé pour te défaire de chose inutile ; et si tu veux faire un échange par intérêt ou par goût, tu seras en perplexité des deux côtés.

Si aujourd'hui *tu vois jouer les grands sentimens par un homme reconnu pour vicieux,*

En avenir, *tu pourras lui demander où il a laissé ses nobles pensées.*

En passé, *le jeu ne te fut pas propice.*

S. 318. Aujourd'hui tu pourras entendre parler d'un exilé, d'un autre qui aura pris les devans ; et toi ce même jour, n'oublie pas d'écrire ; car la mémoire te ferait faute.

Si aujourd'hui *l'on te console de paroles,*

En avenir, *tu ne seras pas entièrement satisfait.*

En passé, *tu entendis une belle pensée ; mais elle ne te frappa nullement.*

11

T. 319. Aujourd'hui plaisir pour toi à la campagne; si tu n'y es pas, tu respireras un air moins pur; air s'entend de plusieurs manières.

Si aujourd'hui *tu vois la colère peinte dans les yeux d'homme noir ou femme blanche,*

En avenir, *tu éprouveras une trahison que tu ne pourras parer qu'avec la patience.*

En passé, *tu crus bien cacher ce qui fut trouvé.*

U. 320. Aujourd'hui un moraliste, vrai homme s'entend, te dira un grand mot; un fou, si tu en vois, te fera réfléchir; et en ce jour, les pères se consulteront, les mères caqueteront, les enfans joueront; en ce, les pères seront les plus raisonnables et les moins écoutés.

Si aujourd'hui *tu vois homme s'élever en dignité,*

En avenir, *tu diras : Il s'est élevé en servitude volontaire; heureux s'il ne descend pas dans le sentier de l'amertume!*

En passé, *ayant jeté les yeux sur quelque chose que tu enviois, tu jouas le rôle du renard.*

V. 321. Aujourd'hui tu feras bien de prendre bonne mesure; mais il te faut grande hâte pour avancer ta route; et en ce jour ce sera avoir beaucoup travaillé, d'apprendre par expérience que tu n'as rien fait.

JANVIER. 163

Si aujourd'hui *tu fais rencontre d'un voyageur qui te demande l'heure qu'il est,*

En avenir, *tu seras bien logé, sans qu'il t'en coûte.*

En passé, *quoique levé matin, tu fus devancé.*

X. 322. Aujourd'hui, de trois partis, il t'en faudra prendre un; s'il se peut, prends celui de médiateur.

Si aujourd'hui *tu te vois préservé d'un péril,*

En avenir, *tu auras joie en l'esprit, outre celle d'avoir été préservé.*

En passé, *tu ne demandois qu'à être vertueux; mais tu te laissas entraîner par la fougue des passions.*

Y. 323. Aujourd'hui tu feras, si tu veux, nouvelle connoissance; sers-t'en pour ton besoin, et non pour ton secret; et en ce jour tu te diras: Je connais tous les précipices; je sais combien la chûte en l'un d'eux est périlleuse, et je ne puis m'empêcher d'y courir. En ta pensée s'élevera révolution, et ta résolution foiblira.

Si aujourd'hui *tu vois gens qui se disputent,*

En avenir, *tu ne sortiras pas à temps de chez toi.*

En passé, *tu craignis de contrecarrer un vicieux.*

Z. 324. Aujourd'hui en système tous ne seront pas d'accord; mais il faudra surtout t'en tenir au solide, et qui aura médit ne pensera plus de même.

Si aujourd'hui *tu vois homme masqué*,

En avenir, *éloigne de ton esprit le déguisement.*

En passé, *tu entendis parler d'un ou d'une vile mortelle, qui pratiquoit les détours nécessaires pour ne pas donner à d'autres ce qui lui avoit été accordé ;* un aidant: *vie pour beaucoup, et peut-être pour un grand homme.*

&. 325. Aujourd'hui à beau cheval beau harnois. Toi, habillé de laine, surtout cherche en ton esprit.

Si aujourd'hui *tu te plais en la conversation d'un médisant,*

En avenir, *il s'étendra au long sur ton compte.*

En passé, *tu jugeas bien qu'un homme étoit couvert d'une manière qui ne convenoit point à la saison; mais tu ne pris point de part à son infortune.*

A. 326. Aujourd'hui plaisamment tu diras: Pêche toujours qui prend une baleine ; mais dans peu tu sauras que gain alloit ailleurs.

Si aujourd'hui *tu entends le son des cloches,*

En avenir, *un mal de tête te sera guéri par un secret.*

En passé, *tu ne voulus rien accorder à plus savant que toi.*

B. 327. Aujourd'hui je me ressouviens que d'amour je ne t'entretiens guère, et que souvent tu y penses; mais en ce jour tu apprendras beaucoup à ce sujet; et encore ce jour-d'hui vieux paiera pour jeune, ainsi qu'on a payé pour lui.

Si aujourd'hui *tu t'aperçois que l'on suit tes pas*,

En avenir, *tu donneras le change à un curieux en t'arrêtant tout court et rebroussant chemin, après l'avoir regardé fixement.*

En passé, *tu fis rencontre d'un homme privé, dont le regard te le fit mépriser.*

C. 328. Aujourd'hui dans un endroit fermé, où l'un rit et l'autre fait le docteur, méfie-toi d'être lié; car les barreaux de dehors te feront réfléchir qu'un licol y est souvent attaché.

Si aujourd'hui *tu sais réprimer la fougue qui voudra t'entraîner*,

En avenir, *tu regarderas bien des choses d'un même œil.*

En passé, *tu fus trompé indignement; tu te dis: Je suis outragé; mais je ne dois pas être surpris. Il en est des hommes comme des noix, on se trompe à la coquille.*

D. 329. Aujourd'hui grande salutation ne te sera pas rendue; pencher la tête n'est rien; et en ce jour tu remarqueras ton attache folle à chose mobile.

Si aujourd'hui *tu trouves bonheur en toi seul,*

En avenir, *tu seras plus heureux; solitude y sera pour beaucoup.*

En passé, *en une légère esquisse tu rencontras le tableau de tes pensées, et peut-être de tes traits.*

E. 330. Aujourd'hui sur le bord d'un abyme, garde-toi de reposer tranquille. Je ne parle pas d'un puits. Ce jour passé, nul risque ; mais en icelui, pense à quoi.

Si aujourd'hui *il t'advient mal ou maladie, informe-toi qui a ressenti pareille douleur,*

En avenir, *tu seras content de sa recette; mais il faut qu'il te parle d'après l'expérience.*

En passé, *tu eus tort de ne pas écrire remède utile, dont tu éprouvas l'effet.*

F. 331. Aujourd'hui tu vivras dans l'espérance ; un ami fera ta cour ; tu réfléchiras à l'ordre d'un sot donné à un homme brutal ; tu liras la réponse d'un fat tracée sur la muraille ; tu regarderas de côté celui qui te verra en face ; un de tes amis n'aura pas la satisfaction de reposer tranquille ; et en ce même jour, si tu es à temps, tu seras bien étonné d'apprendre ce qui ne te vint pas en l'esprit.

Si aujourd'hui *tu remarques qu'il y a des choses principales d'où dépend pour toujours le malheur de la vie,*

En avenir, *tu réfléchiras à un faux pas dont on a honte.*

En passé, *tu vis la charlatane industrie aller de pair avec la véritable science.*

G. 332. Aujourd'hui incident te sera annoncé; pari trop équivoque; coup de tête; on fait grand bruit ailleurs.

Si aujourd'hui *tu vois quelqu'un se plaindre à tort,*

En avenir, *tu le verras se plaindre avec raison.*

En passé, *pouvant goûter un repos honnête, tu t'embarquas sur une mer agitée.*

H. 333. Aujourd'hui est de ton an le jour le plus beau; si tu en sais profiter, tous chemins te seront ouverts; mais ne prends pas le change. Oui, curieux des hautes sciences, je te dis que ce jour est le meilleur de ton an pour entreprendre toute chose juste et qui te soit avantageuse, soit en guerre, paix, art, science, guérison, liens, état, délivrance, etc.; tu y joindras tes soins de telle nature que l'objet le demande, et parleras même à ennemis, si le cas le requiert. Poursuis tes tentatives; frappe; le maître du logis, lassé de t'entendre frapper, t'ouvrira. Ne crains pas qu'il te dise, *va-t'en.* S'il te le disoit reviens le lendemain, et frappe de nouveau.

Si aujourd'hui *tu vois un homme mépriser les conseils des anciens, disant: S'ils existoient ils ne seroient pas regardés,*

En avenir, *tu jugeras qu'il est aussi sot qu'il l'étoit le jour qu'il tint ce langage.*

En passé, *tu te trouvas en un* quiproquo *qui ne te regardoit nullement.*

J. 334. Aujourd'hui inquiétude en l'esprit; sujet éloigné embarrasse. Bonne idée, suis-la; et en ce même jour, tu seras obligé de répéter clairement ce qu'un ignorant n'aura pu comprendre à demi-mot; et peut-être le verras-tu dire d'un ton *goguenard:* Pardon, si je n'y suis pas.

Si aujourd'hui *un de tes proches est la victime d'une folie,*

En avenir, *n'espère pas beaucoup sur son héritage, ou au moins abandonne les trois quarts de tes espérances.*

En passé, *près d'un spectacle, il te vint à l'esprit séduisante pensée.*

K. 335. Aujourd'hui est partie de promenade qui conduira à table, et là se verra beau fracas, bouteille cassée, table renversée, gâteau mangé: je te dis qu'en ce jour tu feras tout pour l'éviter, si tu as juste crainte. Et aujourd'hui sujet d'humeur; en la raison sera la paix.

Si aujourd'hui *t'est montrée belle règle de rapport, c'est-à-dire de mathématique,*

En avenir, *tu appliqueras ton esprit au bien.*

En passé, *mal-à-propos tu entras dans une dispute de ménage; il n'en advint pas ce que tu espérois. De plus, tu donnas à médire contre ton mauvais jugement.*

L. 336. Aujourd'hui est pour toi jour d'interroger les oracles sur chose plus ou moins grandes, selon tes justes intentions; en ce jour tu mettras donc sur papier l'essentiel de tes pensées, telles qu'elles soient; mais il faut qu'elles t'intéressent, et que tu veuilles absolument en avoir réponse. Cela étant fait, tu les reliras seul et dans le silence, l'une après l'autre, avec la réflexion la plus mûre, et le recueillement le plus grand ; alors en ton esprit tu entendras réponse que tu mettras au bas de chacune de ces mêmes pensées. Cela étant fait, tu plieras ce papier, et lui donneras une forme assez petite pour le pouvoir mettre sur ton cœur le reste du jour, et la nuit toute entière, sans qu'il puisse tomber de cette place. Le lendemain à ton réveil qui doit se faire avant nul bruit, tu reliras tes idées, projets, entreprises, et tu trouveras à chaque ce que l'oracle t'aura répondu intérieurement la veille; sur quoi tu ratureras ou augmenteras, et cela arrivera tel que tu l'auras écrit en dernier. Ceci est en haute science; en avant suis ce qui t'est dicté ailleurs; sois sage, afin d'avoir grande et parfaite réussite.

Si aujourd'hui *il t'advient secret de changer le fer en cuivre,*

JANVIER.

En avenir, *tu sauras de l'argent faire de l'or.*

En passé, *tu foulas aux pieds caractère naturellement tracé sur terre, qui t'auroit indiqué un grand chemin.*

M. 337. Aujourd'hui tu te rappelleras un oubli ; s'il est encore temps, ne sois pas paresseux. Evénement indirect t'intéressera par contre-coup ; et en ce jour tu verras un menteur ou un fou, conduit par un autre fou, en imposer à des insensés.

Si aujourd'hui *tu écris tout ce que l'écho publiera,*

En avenir, *tu reconnoîtras une injustice, et tu détesteras l'auteur de l'écho.*

En passé, *parlant ouvertement, un censeur te fit taire.*

FÉVRIER UNIVERSEL.

Je ne sais quel auteur a comparé le théâtre de la vie à une galère, où les uns font le rôle de comites *, et les autres celui de forçats. De cette juste comparaison, je conclus, ami lecteur, que si tu as le malheur d'être au rang des derniers, au lieu de t'aigrir de ton sort, et de jeter ton humeur sur ton compagnon peut-être plus foible que toi, tâche de soulager le poids de sa chaîne, et de lui aider à manier sa rame, souvent trop pesante pour ses bras énervés.

Février.

N. 338. Aujourd'hui tu attends d'autrui, c'est bien, si ce n'est argent; et en ce jour, tu apprendras qu'un manœuvre, pour avoir enduit de plâtre un bâtiment, se dira plus savant que l'architecte.

Si aujourd'hui *tu entrevois belle passion, et que tu y répondes, tu ne soupireras que le temps qu'il faut pour l'occasion ;* mais,

En avenir, sera refroidissement de l'un qui piquera l'autre.

---

* Officiers de galères.

En passé, *croyant monter, tu fus obligé de descendre.*

O. 339. Aujourd'hui sera bien singulière nouvelle; mais en rien ne te fâche.

Si aujourd'hui *tu vois grand parleur en cause,*

En avenir, *tu sauras que tu ne fus pas le seul qu'il ennuya.*

En passé, *tu fus bien dupe de dire être instruit de ce que tu voulois savoir.*

P. 340. Aujourd'hui si ton semblable te fait tort en ton prêt, qu'il parle de faire signer, atteste qu'il est fripon ou bien répréhensible en cent autres défauts; s'il te montre papier qui puisse t'empêcher de pouvoir rien lui dire, ayant mangé ton bien, en toi seul crie *haro.*

Si aujourd'hui *tu vois homme ou femme parler bas, je dis en soi-même,*

En avenir, *tu jugeras qu'il n'y a pas certitude pour la réussite de ton projet.*

En passé, *si tu eusses suivi une de tes pensées, tu n'aurois pas été obligé de loger hors de chez toi.*

Q. 341. Aujourd'hui sujet de murmurer, outré, piqué, attéré, molesté par ton semblable; un sera poussé du diable, un qui ne connoît rien, si ce n'est la politique; qui fait, du mal des autres, sa plus grande gloire; qui s'érige en censeur, et agit en tyran : cet un, tu le reconnoîtras.

Si aujourd'hui *tu es un peu malade, et que demain tu sois pis,* ne crains rien de ta maladie ; mais,

En avenir, *tu la mettras en comparaison avec une autre générale.*

En passé, *tu fis un projet qui ne valoit pas l'argent qui te manquoit pour l'exécuter.*

R. 342. Aujourd'hui bien vêtu, bien chaussé, buvant et mangeant bien, de l'or plein tes coffres et sur toi, enfin sans nul besoin, tu prendras le ton de Jérémie, et feras le moraliste ; mais ce jour pourra te dévoiler. Celui qui t'est ami se défiera de toi ; mais à celui que je n'ai pas en vue en ceci, nouvelle advient ; on veut lui parler.

Si aujourd'hui *tu vois feu de Saint-Elme, ou météore,* que tu sois savant, ce n'est rien ; mais si tu es ignorant,

En avenir, *tu feras de grands commentaires qui n'auront de solide que l'apparence.*

En passé, *tu parlas stupidement d'un cerf-volant imaginaire.*

S. 343. Aujourd'hui la force t'étonnera ; agis d'adresse, ton ennemi sera vaincu ; mais pourtant en ce jour, faute est en trahison.

Si aujourd'hui *tu formes grands projets, et que tu sois petit en ta situation,*

En avenir, *tu reconnoîtras avoir tiré au blanc ou au noir; ou si tu vaux un de ces coups de hasard, qui font passer pour chasseur habile,*

En passé, *tu ne fus pas remarqué, malgré ta bonne envie; tu mis aussi prix cher au talent que tu croyois avoir; mais il ne se trouva guères d'acquéreurs pour l'acheter.*

T. 344. Aujourd'hui, après-dînée, dors, rêve t'adviendra, il est très-significatif. Si un savant en science devinatoire te l'explique, il te dira grande chose, bonne à être prévenue.

Si aujourd'hui *tu perds effet,*

En avenir, *nulle ressource de le retrouver.*

En passé, *jeu propice à un autre t'ennuya.*

U. 345. Aujourd'hui beau palais, grand jardin; valet de tous les temps; valet de tous les âges; valet qui, comme toi, n'est qu'oiseau de passage. Il en est par milliers qui haussent, qui déclinent; bientôt tu sauras; mais avant devine. Tout passe dans la vie; et près de son berceau, dit-on, l'homme aussi-tôt qu'il parle, articule tombeau. Encore avant peu grande nouvelle.

Si aujourd'hui *tu vois un ami te vouloir*

gêner par emprunt, ou t'entraîner au gré de ses caprices,

En avenir, *vous ne vous verrez plus, si même vous ne vous brouillez pas.*

En passé, *tu expliquas mal un auteur.*

V. 346. Aujourd'hui tu pourras être utile à un autre ; sois-le à un de ton pays ; de celui qui n'en est point, tu ne serois pas content. Tu as perdu, tu es prêt à perdre encore. Un événement occasionnera beaucoup de paroles.

Si aujourd'hui *lien sacré est rompu,*

En avenir, *vieux, cacochyme, tu auras peur du diable et tu n'auras pas tort.*

En passé, *si tu t'étois plus fié sur la prudence que sur les paroles, tu serois arrivé sain et sauf.*

X. 347. Aujourd'hui que dès le grand matin jour soit en ta maison ; gain ou profit te suivra de près ; et en ce jour ne t'épouvante pas du bruit. Le grand feu se consume, et il n'en reste que cendres.

Si aujourd'hui *est posée la première pierre de ton bâtiment,*

En avenir, *il existera long-temps dans ta famille.*

En passé, *papier que tu avois écrit t'inquiéta.*

Y. 348. Aujourd'hui t'est propice en affaire ou en titre d'honneur. Que la raison soit ton guide : une démarche aura un bon effet.

Si aujourd'hui est le dernier d'un mois,

En avenir, *tu verras jeune amour s'allumer follement à un feu prêt à s'éteindre. La réflexion t'inspirera pitié pour le premier.*

En passé, *femme te quittant ne fut pas satisfaite ; je dis qu'elle fut outrée de ton peu de jugement.*

Z. 349. Aujourd'hui il te sera fait compliment, sans nulle redevance ni envie d'avoir don, par un qui sera ton véritable ami. Si peu après il s'éloigne de toi, crois-moi, tu as des vices ; car en lui il se dira : Je me suis abusé.

Si aujourd'hui *tu retrouves un effet qui t'a été pris,*

En avenir, *tiens-le soigneusement.*

En passé, *ta curiosité fut payée, mais point satisfaite.*

&. 350. Aujourd'hui, fête le jour entier, par plaisirs, ou labeur qui t'égaie ; que le tout soit à bien ; mais la nuit nulle lumière que celle de ton esprit que tu dois rallumer. Sera aussi en ce jour curiosité de savoir si la récolte sera bonne en la prochaine année : l'an courant elle souffrira dommage.

Si aujourd'hui *tu conduis seul l'objet de ta pensée,*

FÉVRIER.

En avenir, *tu reconnoîtras avoir manqué en un point.*

En passé, *tu eus grand desir de fruits; mais à peine touchas-tu des fleurs.*

A. 351. Aujourd'hui, à l'enfant ne cause nul souci; s'il est piteux spectacle, sauve-toi au loin; et en ce jour fuis foiblesse de tout point, car tu en pourrois souffrir.

Si aujourd'hui *tu vois arbre desséché à moitié,*

En avenir, *tu verras quelqu'un avoir grand' peur de sa fin.*

En passé, *tu manquas de respect dans la maison d'un...... qui te fit grâce; le châtiment t'eût causé plus de repentir.*

B. 352. Aujourd'hui tu apprendras malheur d'un autre; renforce tes esprits; car tu seras obsédé, sans que tu doives rien dire; demain tu auras revanche. Et en ce jour tu ne sais où aller pour avoir l'esprit tranquille; prends patience.

Si aujourd'hui *tu veux savoir où est le baume qui doit apaiser ta douleur,*

En avenir, *tu iras le chercher; mais je te proteste que tu ne le trouveras que dans ton cœur; joins-y un peu de force d'esprit.*

En passé, *tu fis peu d'attention à un exemple dont tu profiterois aujourd'hui.*

C. 353. Aujourd'hui, émotion en ton

esprit; grande envie de parler; sujet qui trouble l'âme, cause d'attenter à la vie s'il étoit permis. Tempérance.

Si aujourd'hui *tu t'en rapportes d un conteur*,

En avenir, *tu sauras qu'il avoit suivi la fable du lion, qui partagea sa chasse.*

En passé, *si tu t'étois armé de courage, tu serois demeuré vainqueur.*

D. 354. Aujourd'hui luttant contre un politique, je te promets victoire; s'il te fixe, fixe-le; s'il te questionne, ne dis que oui ou non; questionne-le à ton tour, et ne dis pas que tu manques de force. Pour parler à un homme, il faut penser l'être; la timidité, ainsi que l'arrogance, sont manque de sagesse; car le timide est traité de stupide, et l'arrogant d'effronté.

Si aujourd'hui *tu apprends nouvelle qui occasionne jalousie,*

En avenir, *tu reconnoîtras que le nouvelliste étoit un maraud.*

En passé, *tu t'en rapportas trop à un tiers.*

E. 355. Aujourd'hui lien ne te nuira pas, si tu sais te maintenir; comme en tout il est juste.

Si aujourd'hui *tu publies nouvelle portant préjudice au général,*

En avenir, *étant effectuée, tu en seras le premier puni.*

En passé, *tu traitas un écrivain d'enthousiaste; tu eus raison du côté que tu le voyois; mais tort du côté que tu n'entendois pas.*

F. 356. Aujourd'hui, faisant sacrifice à la vérité, demain satisfaction; et en ce jour devant entrer en lutte, tiens-toi coi: la bravoure ne consiste pas à attérer son semblable, mais à se vaincre soi-même.

Si aujourd'hui *il est aveugle qui conduise aveugle,*

En avenir, *tu leur pardonneras de s'être égarés.*

En passé, *tu fis folie de n'avoir pas voulu ce qu'aujourd'hui tu ferois folie de vouloir.*

G. 357. Aujourd'hui, dans un temple, tu auras occasion de scandale; tu verras grand valet qui te démontrera chose honteuse; je dis en temple, mais non chez les rois, car il y seroit mal venu; en ce, grande étoffe est pour beaucoup, mais *laïs* est ou aura été pour plus encore; questionne à ce sujet; si l'on te dit vrai, tu me rendras justice.

Si aujourd'hui *tu te fâches de la vérité,*

En avenir, *tu seras fâché de t'être formalisé.*

En passé, *tu aimas mieux rompre que de plier.*

H. 358. Aujourd'hui enfant sur son départ, ayant bon conseil et quelque argent, s'il est prudent et sage, rapportera grand profit. Et en ce même jour, vise au solide, et ne fais nulle chose frivole; je souhaite que tu m'entendes.

Si aujourd'hui *se présente sous tes yeux beaucoup d'hommes à projets,*

En avenir, *tu en accuseras plusieurs de l'un de ces trois défauts : ignorance, misère ou présomption.*

En passé, *tu fus surpris de l'arrivée d'un nouveau venu.*

J. 359. Aujourd'hui tu auras mystère en idée; réfléchis : tu remarqueras aussi quelqu'un, ayant la tête fort occupée, tracer un labyrinthe par la forme de ses pas.

Si aujourd'hui *tes cheveux se hérissent par coup de sang ou autre, mais sans nulle colère,*

En avenir, *tu posséderas science, et tu en devineras la cause.*

En passé, *un jour te sembla bien long.*

K. 360. J'approche du déclin, et toi de la colline; si tu es las, repose-toi; non pas toujours debout, car devant moi encore tu pourrois trébucher; et en ce jour modère tes grands feux.

Si aujourd'hui *satisfaction est en ton esprit,*

FÉVRIER.

En avenir, *pour toi sera douceur.*

En passé, *le temps ne fut pas favorable à tes desirs.*

L. 361. Aujourd'hui sera crainte qui laissera souci, non pour toujours. Et en ce jour, petite vue, petit profit. En procès, qui le tentera, le perdra.

Si aujourd'hui *tu vois mer, fleuve, rivière agités, toi voguant dessus,*

En avenir, *tu te ressouviendras de dire trois fois :* Le vrai Christ marcha sur les eaux, et la foi d'un pêcheur fut raffermie. *Ensuite travaille avec activité et sans crainte.*

En passé, *la volonté d'un tuteur pour toi ne fut pas loi ; et tu vis quelqu'un qui, pour ne pas s'en soucier, fut bien souvent gêné.*

M. 362. Aujourd'hui étant sans nulle ressource, après avoir tout eu, baisse-toi légèrement, ramasse ce qui t'est utile ; monter, descendre et remonter, est dans le retour des événemens périodiques de la vie. Espère encore.

Si aujourd'hui *tu vois particuliers devisant ensemble et parlant de toi,*

En avenir, *tu seras instruit de leur conversation, tel intérêt qu'ils aient à te la cacher.*

En passé, *tu te laissas trop emporter à une espérance frivole.*

N. 363. Aujourd'hui si ennemi te dit : Je

veux guerre, ou te le fasse entendre, dis : *Je te dépouillerai*; n'en dis pas davantage, tu lui auras dit vrai.

Si aujourd'hui *tu manques à t'expliquer clairement,*

En avenir, *il te sera dit: Que ne vous expliquiez-vous? tu n'en croiras que la moitié.*

En passé, *l'on te demanda ce que tu ignorois, croyant que tu le savois.*

O. 364. Aujourd'hui à la promenade est pour toi l'utile et l'agréable; s'il fait mauvais, joue, tu gagneras; mais sur-tout que ton esprit réfléchisse à ce qui frappera tes yeux.

Si aujourd'hui *tu te trouves en grande route, Phébus couché; et que tu entendes cris plaintifs, garde-toi de te fourvoyer dans l'instant présent ; car*

En avenir, *tu ne seroit pas vu où se dirigeoient tes pas.*

En passé, *tu pris l'un pour l'autre, tu revins au premier, tu ne fus pas mieux assuré.*

P. 365. Aujourd'hui en grand fracas chacun s'apprête; sois discret et réjouis-toi dans le sein de l'innocence.

Si aujourd'hui *tu es invité à t'ébattre,*

En avenir, *tu n'auras de ce nul remords.*

En passé, *tu fus inquiet d'un discours; mais, étant éclairci, tu fus réjoui de ce que tu avois lu ou entendu.*

AA. Sera pour quand il aura un trois cent soixante-sixième jour dans l'année, ce qui arrive tous les quatre ans; s'il n'y en a point en l'an où tu seras, tu passeras cet article comme s'il n'existoit pas.

Aujourd'hui bondis sur l'herbette, comme les tendres agneaux qui arrivent sur le pré vert; admire tout, sois sage; peu de bien, beaucoup de sagesse, c'est être riche. Pour demain sois tout prêt.

Si aujourd'hui *tu as hocquet importun ou éternuement gênant,*

Sans attendre l'avenir, tu pourras remédier à l'un et l'autre sur-le-champ; savoir, au premier, en comprimant ou tenant serré ton pouce gauche dans ta main droite; et au deuxième, en te frottnat légèrement les paupières avec le dessus d'un des deux doigts index.

Je ne te donne pas le moyen de remédier au bâillement; car s'il est l'effet de l'ennui, il en est le passe-temps.

En passé, l'on te demanda si tu savois le secret de rendre inconstant; si ce secret n'est pas rare, il n'en est pas moins un préservatif contre le souci.

---

* En ceci sont secrets et non recettes; mais comme j'en ai nombre d'éprouvés, je t'en pourrai un jour faire part; je te prie aussi, cher Lecteur, de m'en communiquer en change.

AU SEUL à qui en tout ce mien labeur je n'ai pas prétendu ni dû adresser une seule parole.

Dans le cours restant de la vie, je dis qu'il subira le sort de tous les grands hommes; il sera chéri, aimé, estimé et honoré, et, en cinq regretté. Il passera sous trois arcs; le premier d'airain, le second d'argent, et le troisième d'or; il terminera sa carrière comme un soleil qui se couche, lorsqu'il ne désirera plus qu'une seule chose.

Sous la première génération, une attente ne sera pas infructueuse; sous la deuxième, grande lumière étonnera les mortels; sous la troisième, des bannis seront rappelés; la quatrième passera du levant au couchant. Sous la cinquième, grands fracas. Si les petits-neveux se ressouviennent de leur bisaïeul, dans le sein du calme, on punira des traîtres..... En la septième génération, une mortalité changera bien des choses; grand courage, une mine d'or de réserve vaudra mieux que la poudre noire; les hommes seront plus mâles, les femmes plus scrupuleuses, je ne dis pas en tout. Les enfans le seront plus long-temps. Une belle rose renaîtra de ses cendres; un nouveau jeu, où au plus se comptera quinze; un *I* et une *N* pour première lettre, feront regretter des aïeux. Un arbre végétal n'en dit pas plus.

Pardonne, ami lecteur, le style familier employé en mon art; ne prends rien à mal ni à satire; n'interprète mes oracles que du côté où ils répondront à tes plus secrètes et saines pensées; mais ressouviens-toi que cette partie de mon labeur est le fruit des savantes découvertes que j'ai faites en fouillant dans les profondes arcanes de la nature.

Si tu veux de plus grands pronostics, fais choix de maints anciens savans philosophes qui, en traçant partie de ce qui se passoit dans leurs siècles, nous prédisoient ce que nous voyons dans le nôtre; tel qu'en mes pronostics se pourra lire ce qui arrivera dans le futur. Avant de dire adieu à mes lecteurs et lectrices, et de me recommander à leur bon génie, je dois encore leur dire ceci. Il se pourra qu'il ne soit absolument rien, en quelque article du jour, de relatif à la personne qui le consultera; mais afin d'en bien juger, je désirerois, pour sa satisfaction et la mienne, qu'elle consultât son plus sincère ami, ou son plus petit ennemi, et qu'elle méditât surtout attentivement sur la métaphore, sans s'attacher absolument au sens littéral.

RÈGLE.

Lecteur, cette règle est aussi nécessaire que facile pour interpréter avec satisfaction le grand nombre des oracles contenus en ce chef-d'œuvre de la divination. Pour parvenir à ce même chef-d'œuvre, Eteilla a suivi la foule d'événemens arrivés à nombre de personnes de tous âges et de tous états. Le soin d'écrire l'heure fixe où arrivoient ces événemens, de telle nature qu'ils fussent, n'a pas été une des moindres attentions de l'auteur; mais les fatigues d'un homme accoutumé au labeur ne le rebutèrent pas; il voyait de jour en jour la roue de la vie tourner sur son axe, sans changer nullement de place; il sentoit qu'il approchoit de la perfection de son ouvrage; encouragé par le succès de ses observations, il ne lui manquoit plus que le point d'où il falloit partir, pour pouvoir rendre son ouvrage public; mais où trouver ce point, inconnu jusqu'alors, et dont nul sage cabaliste n'avoit parlé? Quoique la réflexion soit une habile ouvrière qui conduise à la découverte de ce que l'on cherche, l'auteur ne prétend pas se flatter d'avoir trouvé ce point en le cherchant, car il avoue de bonne foi qu'après y avoir long-temps travaillé, le seul hasard le lui a procuré. S'étant chargé de faire l'horoscope d'un enfant le jour d'un événement remarquable, cet événement et le jour de rapport lui firent sentir sur-le-champ qu'il étoit absolument nécessaire de faire la règle telle qu'il va l'indiquer.

Cette règle consiste à passer autant d'articles dans ce Zodiaque, qu'il y a de jours que l'on est né, en observant en outre d'y en ajouter sept de plus par année; ainsi donc, si N...... naît le quatre de janvier, l'article 11 du mois de janvier sera ce qui lui doit arriver le quatre de janvier; c'est-à-dire dans le jour qu'il est né, et ainsi la règle est faite et parfaite. Mais le curieux, sans connoître l'auteur, va être instruit de ce qui lui arrive tous les jours, ou au moins de ce qui l'agite le plus en la journée, par sa propre règle qu'il va donner pour modèle de toutes les autres.

Je suis né le premier de mars (*entre l'aurore et le soleil levant*)*, en mil sept cent trente-huit, et je fais ma règle le deux mai mil sept cent soixante-douze.

---

* Cette parenthèse n'est utile qu'aux savans dans les sciences occultes.

1°. Je dis: Combien s'est-il passé d'années? 34 : or 34 fois 7 font CC XXXVIII; je dis à présent combien de jours bissextiles? VIII. Combien y a-t-il de jours non compris les bissextiles en ces 34 ans? Il y en a XII M CCCC X; mais comme je fais ma règle au deux de mai, c'est encore LXIII jours de plus. Additionnez les quatre nombres romains, vous trouverez qu'ils font 12719, alors passez pareil nombre dans mon Zodiaque; mais comme cela deviendroit long et inutile, dites tout de suite 34 fois 366 font 12444; dites à présent : Qui de l'addition totale de la première opération ôte celle de la seconde, combien reste-t-il? 275; hé bien, il faut lire cet article dans le Zodiaque pour le 2 mai, et le lendemain vous lirez l'article suivant, ainsi de jour en jour; et lorsque vous serez, l'année qui vient, à l'article 211, vous passerez seulement sept articles, et vous suivrez, sans plus faire d'autres règles, toutes les années subséquentes, que de passer toujours ces sept articles.

Les lettres initiales mises avant les numéros des articles, avertissent les curieux que, lorsqu'il s'en trouvera de celles qui commencent leurs différens noms, ils doivent réfléchir davantage à ce qui leur sera dit.

Le 29 de février est compris dans l'article *A A*.

S'il m'a été octroyé, mon cher lecteur, de te donner ce fruit de mes plus studieuses occupations, c'est moins pour t'engager à y attacher une ferme croyance, que pour te prouver qu'en ta patrie il est de temps à autre des hommes qui se plaisent à entretenir les sentimens de nos anciens, pour les suivre dans le bien, et les rectifier dans ce qui est absurde. Sois sage et satisfait dans ton état, comme je le suis dans le mien, et tu mériteras l'approbation des mortels, comme je désire ardemment la tienne.

« Des nombres combinés je tiens tout mon savoir,
« Je suis ce que l'on voit, et non ce qu'on croit voir. »

FIN.

Lecteur, Etteilla ayant eu la permission de te dévoiler une partie de ses combinaisons scientifiques, t'offre aussi de faire ton horoscope, tel qu'il l'a fait pour plusieurs grands.

Il ne lui est pas nécessaire de te voir, mais il lui suffit d'avoir les lettres initiales de tes noms, avec l'an et le jour de ta naissance.

En occupant l'auteur à ce travail, tu ne pourras t'empêcher de remarquer clairement, ou tout au moins d'une manière métaphorique, jusqu'où ce prétendu oracle a su porter ce genre d'amusement. Le passé, le présent, l'avenir, rien ne l'arrête; il dit ce qui occupe le plus la personne, avec tant de sagacité et de justesse, que l'on en augure sur-le-champ qu'il pourroit pénétrer plus avant; mais on ne peut l'accuser de chercher à en imposer; car, à chaque mot qu'il trace, il a soin de dire que l'horoscope même qu'il fait n'est qu'un amusement. Tel qu'il soit, il demande cinquante liv: pour chaque.

Sa demeure est par note dans l'apparition métaphorique qui est à la tête de cet ouvrage.

De l'imprimerie de DOUBLET, rue Git-le-Cœur.

www.ingramcontent.com/pod-product-compliance
Lightning Source LLC
Chambersburg PA
CBHW071707090426
42738CB00009B/1701